Elke Pohl

Sabbatical

Sabbatical – so gewinnen alle

Elke Pohl

Gestaltung: Marion Schnepf, www.lokbase.com
Umschlagfoto: Imagesource-Pink
Druck und Bindung: Druckerei Lokay e.k.

www.wbv.de

FSC Mix
Produktgruppe aus vorbildlich bewirtschafteten Wäldern und anderen kontrollierten Herkünften
www.fsc.org Zert.-Nr. IMO-COC-26041
© 1996 Forest Stewardship Council

ISBN 978-3-7639-3585-7
Printed in Germany

Bibliografische Information der Deutschen Nationalbibliothek
Die Deutsche Nationalbibliothek verzeichnet diese Publikation in der Deutschen Nationalbibliografie; detaillierte bibliografische Daten sind im Internet über http://dnb.d-nb.de abrufbar.

Inhalt

Vorwort

Haben Sie sich auch schon oft gefragt, was wohl hinter dem Horizont liegen mag? Ob das Leben, das Sie führen, wirklich das Leben ist, das Sie führen wollen? So befriedigend eine verantwortungsvolle Arbeit, so schön eine erfüllte Partnerschaft oder ein harmonisches Familienleben, so ausfüllend ein interessantes Hobby auch sein mögen: Tief im Inneren spürt wohl jeder von uns die Sehnsucht nach dem Anderen, Fremden, Unerforschten. Es drängt uns danach, neue Erfahrungen abseits der ausgetretenen Pfade zu machen, Dinge zu tun, zu sehen, zu fühlen und zu schmecken, von denen wir im Moment noch kaum wissen, dass es sie überhaupt gibt. Nennen Sie es Fernweh, Drang nach Freiheit, Abenteuerlust, Suche nach dem Sinn des Lebens, nach dem Ursprung unseres Daseins, nach Vollkommenheit oder Zufriedenheit.

Es ist gut, dass Sie Träume haben. Aber wenngleich Sie vielleicht ein Träumer sind, ein lebensfremder Spinner sind Sie keinesfalls! Daher kommt es für Sie auch nicht infrage, Ihr bisheriges Leben vollkommen infrage zu stellen. Sicher ist an der einen oder anderen Kreuzung des Lebens nicht alles so gelaufen, wie Sie es erhofft und gewünscht haben. Sie haben Kompromisse gemacht, Wünsche hintenangestellt und auf Notwendigkeiten reagiert, haben nicht immer – und mit den Jahren immer weniger – auf Ihre innere Stimme gehört und sind im Strom mitgeschwommen. Und das wahrscheinlich nicht einmal schlecht. Es ist Ihnen jahrelang gut gegangen damit, Ihr Leben schien ausgefüllt.

Aber auf einmal ist sie wieder da, Ihre innere Stimme. Sie will einfach nicht verstummen. Und was sie Ihnen sagt, klingt verlockend: Mach doch einfach mal etwas ganz anderes, brich aus den Konventionen aus, versuch dich an etwas Neuem, Ungeahntem! Spring vom Zug und lauf mal eine Weile daneben her, leg dich ins Gras und schau den Wolken nach! Nimm dir Zeit ganz für dich allein und versuch dir darüber klar zu werden, was du mit deinem Leben und das Leben mit dir noch vorhaben könnten.

Wenn Sie an diesem Punkt sind, dann sind Sie wahrscheinlich reif für den Ausstieg. Nicht für den kompletten, sondern für den Ausstieg auf Zeit. Was halten Sie davon, für ein halbes oder ein ganzes Jahr lang Zeit zu haben, statt von morgens bis abends zu arbeiten. Zeit, um all das Nichtgedachte, Nichtgesehene, Nichtgetane Ihres Lebens zu denken, zu sehen und zu tun. Zeit, um das Korsett des Alltags abzulegen, um Weite zu atmen und die Lungen mit all den süßen Düften des Lebens da draußen zu füllen.

Und dann wäre da auch noch zu erwähnen, dass Sie bei Ihrem Arbeitgeber damit unter Umständen auf Verständnis stoßen! Viele, vor allem größere Unternehmen haben den Nutzen solch schöpferischer Pausen ihrer Mitarbeiter für sich selbst erkannt und fördern deren Bestrebungen, stehen ihnen zumindest aufgeschlossen gegenüber. Vor allem deshalb, weil sie nach der Auszeit einen ausgeruhten, motivierten und durch neue Anregungen besser qualifizierten Mitarbeiter zurückerwarten – und in den meisten Fällen auch bekommen. Zudem haben Arbeitgeber Interesse an einer flexiblen Arbeitszeitgestaltung, die vielfältig gelebt werden kann und zunehmend auch Arbeitspausen ermöglicht. Für Sie als Arbeitnehmer kann sich eine Unterbrechung ebenfalls positiv auswirken. Die Zeiten linearer Erwerbsbiografien – das wissen Sie wahrscheinlich aus eigener Erfahrung – sind längst vorbei. Lebensläufe müssen nicht mehr stur in eine Richtung zeigen, sondern dürfen Umwege, Schlenker und Merkwürdigkeiten aufweisen. Zumindest dann, wenn darin eine Entwicklung erkennbar ist. Wer diese Zeichen der Zeit für sich – und für seine berufliche Entwicklung – sinnvoll nutzt, kann nur Pluspunkte sammeln.

Sie sind neugierig geworden, fürchten aber, Sie können das nicht? Lassen Sie sich von unserem Buch eines Besseren belehren! Sie können es – und es ist gar nicht so schwer. Das Zauberwort heißt Sabbatical oder Sabbatjahr. Viel mehr Menschen, als Sie glauben, haben sich bereits ganz bewusst dafür entschieden, weil sie – meist nach ebenso vielen inneren Kämpfen wie Sie – endlich wissen wollten, wie es sich anfühlt, endlich Zeit für sich zu haben.

1 | Woher stammt der Begriff „Sabbatjahr"?

Was wir heute meist als „Sabbatical" bezeichnen und womit wir eine befristete Auszeit vom Job meinen, stammt ursprünglich aus der jüdischen Religion. Demnach ist es ein göttliches Gebot, praktisch eine Anweisung von oberster Stelle, jedes siebte Jahr die Felder ruhen zu lassen. Mit dieser weisen Entscheidung sollte verhindert werden, dass die Felder ausgelaugt werden und keinen Ertrag mehr bringen. Insofern handelt es sich um erste Maßnahmen zum Umweltschutz. Nach diesem Ruhejahr erwartete man zu Recht, dass sich der Boden regeneriert hatte und die neue Saat sich prächtig entwickeln würde. Im 3. Buch Mose kann man diese wirtschaftspolitisch bedeutsame Anweisung Gottes nachlesen. Dort heißt es:

„Und der Herr sprach zu Mose auf dem Berg Sinai: Rede mit den Kindern Israels und sag zu ihnen: Wenn ihr in das Land kommt, das ich euch geben werde, dann soll das Land dem Herrn einen Sabbat feiern, eine Ruhezeit. Sechs Jahre sollst du dein Feld besäen und sechs Jahre deinen Weinberg beschneiden und die Früchte einsammeln. Aber im siebten Jahr soll das Land dem Herrn einen feierlichen Sabbat halten. Da sollst du dein Land nicht besäen und auch deinen Weinberg nicht bearbeiten."

Wer arbeitet, wird mit dem Tode bestraft

Der Sabbat, der von gläubigen Juden bis heute begangen wird, ist eine sozusagen verkürzte Form des Sabbatjahres. Hier geht es darum, an einem Tag der Woche die Arbeit ruhen zu lassen, sich zu sammeln, neue Kraft zu schöpfen und den Herrn zu preisen. Es geht um das Innehalten, das Nachdenken, das Sich-selbst-Finden. Auch hier soll ein Zitat aus dem 3. Buch Mose die Ursprünge der heute noch praktizierten „Auszeit" verdeutlichen:

„Gedenke des Sabbats: Halte ihn heilig! Sechs Tage darfst du schaffen und jede Arbeit tun. Der siebte Tag ist ein Ruhetag, dem Herrn, deinem Gott, geweiht. An ihm darfst du keine Arbeit tun: du, dein Sohn und deine Tochter, dein Sklave und deine Sklavin, dein Vieh und der Fremde, der in deinem Stadtbereich Wohnrecht hat. Denn in sechs Tagen hat der Herr Himmel, Erde und Meer gemacht und alles, was dazugehört; am siebten Tat ruhte er. Darum hat der Herr den Sabbattag gesegnet und für heilig erklärt." Im 2. Buch Mose heißt es gar: *„Jeder, der am Sabbat arbeitet, soll mit dem Tode bestraft werden."*

Da die jüdische Woche am Sonntag beginnt, ist der Samstag der heilige Sabbat-Tag. Die Ursprünge des Wortes Sabbat oder Schabbat werden auf das hebräische „sabat" zurückgeführt, was so viel wie „aufhören" und „innehalten" bedeutet. Eine andere Deutung verweist auf „seba", zu Deutsch „sieben", und weist auf den siebten Tag bzw. das siebte Jahr hin.

Auch heute noch sind in der jüdischen Tradition am Sabbat verschiedene Dinge verboten, wie Feuer anmachen, eine Arbeit mithilfe von Werkzeugen verrichten, schreiben, etwas kaufen oder verkaufen oder Geld berühren. Insgesamt sind alle Arbeiten tabuisiert, die mit Erwerbsarbeit oder Geldverdienen zu tun haben. Es wird am Samstag möglichst nicht eingekauft oder mit dem Auto zum Gottesdienst gefahren. Jüdische Haushalte schmücken am Sabbat den Tisch besonders festlich. Am Freitagabend werden noch vor Sonnenuntergang die Kerzen entzündet, Wein getrunken, Brot gegessen und Lieder gesungen.

Im Christentum wurde der Sabbat auf den ersten Tag der (jüdischen) Woche, den Sonntag, gelegt. Das wird in erster Linie darauf zurückgeführt, dass Jesus am Tag nach Sabbat auferstanden sein soll und der Sonntag als „Tag des Herrn“ gefeiert wird.

Sabbatjahr in der Neuzeit

Professoren in den USA waren die Ersten, die sich die Bibelstelle zu Herzen nahmen. Sie führten an den amerikanischen Unis Sabbaticals ein: Auszeiten von einem halben Jahr, in denen die Professoren dem Lehrbetrieb den Rücken kehren können, um sich völlig ihrer Forschungsarbeit zu widmen. Als „Forschungsfreisemester“ ist diese Art des Sabbaticals längst auch an deutschen Hochschulen üblich.

Auch deutsche Beamte und Angehörige des öffentlichen Dienstes haben schon relativ lange die Möglichkeit, Freizeit auf Zeit zu genießen. In Berlin etwa können sich Staatsdiener schon seit 1987 unbezahlt eine Auszeit gönnen und haben gleichwohl die Garantie auf den Arbeitsplatz bei Rückkehr. Das Sabbatical stellt damit eine Chance des Arbeitgebers dar, für eine gewisse Zeit Gehaltszahlungen einzusparen. Heute haben Beamte in fast allen Bundesländern einen Rechtsanspruch auf selbst finanzierte Freistellung, meist auch angestellte Lehrer und andere Mitarbeiter des öffentlichen Dienstes.

Darüber hinaus gibt es auch sogenannte Drei-, Vier- und Fünfjahresmodelle, wie etwa bei der nordrhein-westfälischen Landesregierung: Hier verzichten Angestellte oder Beamte auf ein Drittel, ein Viertel oder ein Fünftel ihres Einkommens und erhalten dafür im dritten, vierten oder fünften Jahr eine zwölfmonatige Freistellung. Die Besoldung bzw. Bezahlung läuft anteilig weiter, auch sonstige Ansprüche wie die Absicherung im Krankheitsfall sind nicht betroffen. Gründe bzw. Vorhaben für die Auszeit müssen nicht angegeben werden.

In Dänemark finden Menschen, die eine Pause brauchen, besonders gute Bedingungen vor, da hier der Staat Sabbaticalzeiten finanziell fördert. Für die Beschäftigten ist das ein besonderer Anreiz, da Auszeiten damit auch finanziell abgesichert und leichter planbar sind. Die frei werdenden Stellen übernehmen im Idealfall zeitweise Langzeitarbeitslose, denen damit der Wiedereinstieg ins Berufsleben erleichtert wird. Auch die Niederlande und Finnland haben ähnliche Programme eingeführt.

Kein Rechtsanspruch in Deutschland

Ein generelles, gesetzlich verbrieftes Recht für alle auf ein Sabbatical gibt es hierzulande nicht. Es liegt im Ermessen des Unternehmens, bei dem man beschäftigt ist, ob es Sabbaticals für sinnvoll erachtet und entsprechend fördert. Generell stehen die Chancen bei großen Unternehmen besser als bei kleinen und mittelständischen. Aber auch dort lohnt es sich, seinen Wunsch vorzutragen. Wie das Institut der Deutschen Wirtschaft Köln gemeinsam mit dem Bundesministerium für Familie, Senioren, Frauen und Jugend (BMFSFJ) in seiner Unternehmensbefragung „Unternehmensmonitor Familienfreundlichkeit“ vom Dezember 2006 herausgefunden hat, hat sich die Zahl der

Unternehmen, die ein Sabbatical ermöglichen, deutlich erhöht. Waren es 2003 noch gut vier Prozent, hat sich die Zahl im Jahr 2006 auf über zwölf Prozent erhöht, also verdreifacht. Die Berliner Firma Arbeitszeitberatung Dr. Hoff, Weidinger, Herrmann, die sich mit Formen der Arbeitszeitflexibilisierung befasst, würde allerdings aufgrund ihrer Beratungspraxis deutlich niedriger herangehen. Jana Jelenski von der Arbeitszeitberatung spricht von maximal fünf Prozent.

„Das Thema begleitet uns zwar schon seit Jahren, aber wir verspüren keine Hochkonjunktur, wie man es manchmal der Presse entnehmen könnte. Manche, gerade große Unternehmen nutzen es zwar als Werkzeug zur Steigerung der Mitarbeiterzufriedenheit, andere schließen aber Sabbaticals zur Nutzung von Lebensarbeitszeitkonten regelrecht aus. Oft trifft man allerdings die Variante an, dass angesparte Arbeitszeit genutzt wird, um gleitend in den Ruhstand zu gehen.“

Egal, ob fünf oder zwölf Prozent – die betrieblichen Angebote bleiben deutlich hinter den Wünschen der Deutschen zurück: Rund 50 Prozent würden Umfragen zufolge gern für ein halbes oder ein ganzes Jahr aussteigen. Dass es vor diesem Hintergrund immer noch relativ wenige Unternehmen sind, die tatsächlich Erfahrungen mit Sabbaticals haben, liegt aber nicht nur an den Unternehmen selbst. Es hat auch damit zu tun, dass viele Ausstiegswillige aus Angst vor beruflichen oder persönlichen Nachteilen gar nicht erst aktiv werden. Dazu Jana Jelenski von der Berliner Arbeitszeitberatung:

„Unser Wirtschaftssystem ist zu großen Teilen immer noch sehr anwesenheitsorientiert. Wenn also Leistung zu einem hohen Prozentsatz daran gemessen wird, wie lange jemand an seinem Arbeitsplatz verbringt, dann kommt ein Ausstieg für viele nicht infrage – so sehr sie ihn sich auch wünschen.“

Der rechtliche Rahmen für Sabbaticals wurde im Jahr 2001 geschaffen. Am 1. Januar 2001 trat das Teilzeit- und Befristungsgesetz (TzBfG) in Kraft, wobei europarechtliche Vorgaben zusammenfassend geregelt wurden. Das Teilzeit- und Befristungsgesetz verankert einen grundsätzlichen Anspruch auf Teilzeitarbeit für Arbeitnehmer, die in einem Arbeitsverhältnis stehen (§ 8 TzBfG). Damit eröffnet sich auch die Möglichkeit, mithilfe eines Teilzeitmodells bzw. eines Arbeitszeitkontos Zeit anzusparen, die man während des Sabbaticals abfeiert. Das Teilzeitmodell funktioniert vereinfacht ausgedrückt so: Sie vereinbaren für einen bestimmten Zeitraum Teilzeitarbeit mit reduziertem Gehalt, arbeiten aber tatsächlich Vollzeit. In einer zweiten Phase können Sie für das gleiche Gehalt einen längeren zusammenhängenden Freizeitblock nehmen. Sie verzichten zum Beispiel für jeden geplanten Freizeitmonat auf ein Zwölftel des Gehaltes und können, sobald genügend Gehaltsguthaben angespart ist, Ihr Sabbatical antreten. Für vier Monate müssten Sie entsprechend vier Jahre lang auf ein Zwölftel des Jahresgehaltes oder ein Jahr lang auf ein Drittel verzichten.

Ein anderes Modell sieht vor, dass Arbeitnehmer Überstunden und Urlaubstage auf einem Langzeitarbeitskonto deponieren. Der Wert dieser Arbeitszeit wird in Zeitwertpapieren angelegt, das heißt in Fonds investiert und verzinst, und kann während des Sabbatjahres entnommen werden. Das bedeutet, während des Sabbaticals werden die angesammelten Überstunden bei gleichzeitiger Bezahlung wieder abgebaut.

2 | Warum Menschen aussteigen wollen

Aussteiger – auch auf Zeit – müssen nach wie vor mit dem Vorbehalt kämpfen, dass sie den beruflichen wie privaten Problemen durch Flucht ausweichen, kein Durchhaltevermögen besitzen und für sich etwas in Anspruch nehmen wollen, das der Mehrzahl der anderen nicht vergönnt ist. Wer im Beruf vorankommen und Karriere machen will, muss geradlinig seinen Weg gehen. Ist das wirklich so? Muss man wirklich, ungeachtet der eigenen Wünsche und Sehnsüchte und oft auf Kosten der Menschen, die uns umgeben, alle Kraft dem beruflichen Vorankommen widmen? Ganz sicher nicht! Denn weder Geld noch umfassende Sicherheit sind alles im Leben. Immer mehr Menschen, die gehetzt von zunehmend komplexeren Anforderungen oder gepresst in immer höher spezialisierte Jobs frustriert, gestresst, demotiviert und ausgebrannt sind, sehnen sich nach Sinn, Zeit und Muße, nach einem vernünftigen Nebeneinander von Job und Privatleben. Diese sogenannte „Work-Life-Balance" ist zwar in aller Munde, in der Realität vieler Arbeitnehmer aber noch lange nicht verwirklicht.

Nicht nur Überforderung ist Grund für Sabbatical

Daneben wünschen sich aber auch Menschen, die eigentlich ganz zufrieden mit ihrer derzeitigen Situation sind, eine Unterbrechung des Alltags. Ob dieser Wunsch langsam entsteht oder durch bestimmte Ereignisse wie etwa biografische Umbrüche ausgelöst wird, sei dahingestellt.

Es geht ihnen darum, ausgetretene Pfade zu verlassen, in Ruhe und ohne Zeitdruck über ihre derzeitige Situation nachzudenken, Erfahrungen zu machen, die im normalen, meist durch die Arbeitszeit bestimmten Leben nicht möglich sind. In vielen Fällen mag die Frage Auslöser sein, ob der erreichte Stand in beruflicher oder privater Hinsicht wirklich der ist, den man sich erwünscht oder erhofft. Selbst Menschen mit anscheinend makellosen Karrieren kommen meist irgendwann an einen Punkt, der ein Resümee des bisherigen Weges und einen Abgleich mit eigenen Zukunftsplänen unumgänglich macht. Vielfach kommt hinzu, dass man sich über mögliche Alternativen zum erreichten Status quo gar nicht bewusst ist, sondern nur das Gefühl hat, „irgendetwas anderes" machen zu müssen. In dieser Situation kommt eine längere Pause der Selbstbesinnung und Selbstfindung gerade recht. Ohne einen deutlichen und demonstrativen Abstand zu all dem, was bisher den Alltag ausgemacht hat – in erster Linie die Arbeit –, gelingt dieses Eintauchen in sich selbst meist nicht. Zu sehr bliebe man sonst in Alltagszwängen und jahrelang verinnerlichten Schemata gefangen. Insofern kann ein Sabbatical mit all seinen möglichen Anregungen nicht nur der Ausweg aus unbefriedigenden beruflichen oder familiären Gegebenheiten sein. Es kann auch helfen, sich darüber klar zu werden, ob eine bestimmte Lebenssituation richtig und wünschenswert ist, und wenn nicht, welche Alternativen infrage kommen.

Oft dominieren die Sachzwänge

Nur die allerwenigsten der Menschen, die ein Sabbatical gewagt haben, so hat Dr. Barbara Siemers von der Universität Bremen in ihrer Dissertation zum Thema „Ausstieg auf Zeit" festgestellt, bezwecken damit wirklich spektakuläre Vorhaben. Ihre mehr als 30 mehrstündigen Interviews mit Aussteigern haben gezeigt, dass vielmehr eher bescheidene und alltagsnahe Zwecke im Vordergrund stehen: Regeneration und Muße, Familienaufgaben, berufliche Weiterbildung, persönliche Neuorientierung in biografischen Entscheidungssituationen oder auch die Realisierung persönlicher Vorlieben in ganz eigenen Projekten. Insofern spielen neben dem durchaus vorhandenen Wunsch nach mehr Freiheit und Zeitsouveränität – Siemers spricht von „Zeitwohlstand“ – meist auch praktische Überlegungen und oft auch Zwänge eine Rolle. Reizvoll und innovativ seien Sabbaticals vor allem deshalb, weil sie sich im Gegensatz zu anderen Formen der flexiblen Arbeitszeitgestaltung durch ein hohes Maß an Freiwilligkeit und Eigenverantwortung auszeichnen: Jeder entscheidet zunächst selbst, ob ein Sabbatical für ihn infrage kommt, es lässt aufgrund seiner Länge zwischen drei und zwölf Monaten viele Nutzungschancen offen und ist nicht an festgelegte Ziele gebunden. Mit anderen Worten: Wofür der Einzelne sein Sabbatical nutzt, bleibt ihm überlassen. Allerdings gibt es hier eine Einschränkung: Da der Arbeitgeber dem Sabbatical zustimmen muss und die Vorbereitung für ihn mit relativ großem Aufwand verbunden ist, sieht er es gern, wenn indirekt auch er einen Nutzen aus der Freizeit seines Mitarbeiters ziehen kann.

Auszeiten gehören dazu

Gerade Menschen mit hoher Fach- oder Führungsverantwortung im Job verfügen oft in geringem Maße über ihre Lebenszeit. Das hat in vielen Fällen mit dem großen Aufwand an Arbeitszeit zu tun, der von ihnen erwartet wird und dem sie sich oft beugen. Arbeitszeiten von bis zu 80 Stunden pro Woche sind keine Seltenheit. Auslöser für diese Ergebenheit sind ein Mix aus Macht- und Imagestreben, aus Angst vor dem Verlust des erreichten Lebensstandards, aber auch vor dem Ausgeschlossenwerden aus einem bestimmten Kreis, vor fehlender Anerkennung und vielem mehr.

Ständige Erreichbarkeit ist Stressfaktor

Lange Arbeitszeiten gelten, wenn auch nicht mehr so oft wie noch vor zehn Jahren, als Schlüssel zum beruflichen Erfolg. Karriere und der Wunsch nach mehr Freizeit und Freiheit schließen sich im Bild des erfolgreichen Mitarbeiters vielfach aus. Was aber ebenso schwer wiegt, weil unplanbar, unberechenbar und unkalkulierbar, ist das ständige Leben auf Abruf. Dank moderner Technik ist es heutzutage praktisch rund um die Uhr und an jedem Ort der Welt möglich, seine Arbeit zu verrichten und erreichbar für Wünsche von Vorgesetzten, Kollegen und Kunden zu sein. Der Preis für diese Unabkömmlichkeit und totale Erreichbarkeit ist der Verlust der Privatsphäre. Wo aber das Arbeitsleben tief ins Privatleben hineinreicht, wird sich in den seltensten Fällen eine Balance einstellen. Die Waage wird sich immer mehr zugunsten der Arbeit neigen und im schlimmsten Fall irgendwann zerbrechen. Unzufriedenheit, ein Gefühl der Sinnentleerung, innere Kündigung, Burn-Out und „Workaholismus“ mit der damit verbundenen Isolation, andere psychische Probleme oder Herz-Kreislauf-Erkrankungen sind nicht selten Folgen, die dann eine Auszeit unumgänglich machen. Dem kann man vorbeugen.

Weitere mögliche Ursachen für Unzufriedenheit

Natürlich sind Zeitmangel und Zeitdruck nicht die einzigen Ursachen für Stress, Burn-Out und die daraus folgenden erwähnten Erkrankungen. Generell kommen Fehlbeanspruchungen der verschiedensten Art dafür in Betracht, wie sie häufig im Arbeitsleben anzutreffen sind. Ob eine berufliche Situation als unangenehm bis unerträglich empfunden wird, hängt dabei nicht nur von der Situation selbst ab. Auch die Persönlichkeit des Betreffenden, seine Einstellungen und Erfahrungen, sein beruflicher und privater Hintergrund und viele weitere Faktoren beeinflussen die Wirkung, die eine Belastung auf ihn hat. So ist es gut möglich, dass ein Kollege mit einer Aufgabe oder Situation spielend fertig wird, während ein anderer daran verzweifelt.

Häufig vorkommende Quellen für Unzufriedenheit und Stress im Job sind

- eine falsche, also über- oder unterfordernde Aufgabe
- wenig umrissene oder zu sehr spezialisierte Aufgaben
- zu wenig Selbstständigkeit bei der Erledigung
- fehlende Unterstützung durch Kollegen oder Vorgesetzte
- Mobbing
- unklare Kompetenz und Rolle im Team
- zu hohe oder gar keine Verantwortung
- eine fehlende Konfliktkultur im Unternehmen oder der Abteilung und vieles mehr.

Wer sich in solch einer Situation befindet, muss sich zunächst darüber klar werden, dass es dringend einer Änderung bedarf. So einfach sich das anhört, so schwer ist der Schritt. Denn es gehört das Eingeständnis dazu, dass man mit der gegenwärtigen Situation unzufrieden oder überfordert ist. Wer diesen Schritt nicht geht, läuft Gefahr, in Resignation zu verfallen, sich zurückzuziehen oder gar innerlich zu kündigen – oder sich so weit aufzureiben, dass Stress zum Dauerzustand und dadurch gesundheitsschädigend wird.

Nur Veränderungen helfen

Ebenso vielseitig wie die Ursachen sind die Möglichkeiten, die als belastend empfundene Situation zu ändern. Die letzte und folgenschwerste ist die Kündigung eines Jobs Ihrerseits. Denn sie stellt eine Niederlage dar und hat natürlich auch arbeitsrechtliche Folgen. Bevor Sie diesen Schritt gehen, sollten Sie sich Verbündete suchen und Netzwerke pflegen, sollten Sie lernen, zu delegieren oder auch mal eine unzumutbare Aufgabe abzulehnen, sollten Sie sich fehlendes Wissen bzw. neue Kompetenzen aneignen und schwelende Konflikte austragen. Sie sollten es lernen, berechtigte Forderungen zu stellen, Anerkennung einzufordern, die vorhandene Zeit gut zu planen und ausreichend Pausen einzulegen, berufliche Alternativen zu bedenken und vorzubereiten. Ja, Sie sollten neue Ziele formulieren.

Und natürlich sollten Sie darüber nachdenken, die Zeit, die Sie im Büro oder im Unternehmen verbringen, rein quantitativ zu begrenzen, um so für die dringend notwendigen Erholungsphasen zu sorgen. Und zwar konsequent.

Der erste Schritt ist es, pünktlich Feierabend zu machen, falls nicht außergewöhnliche oder dringende betriebliche Belange dagegensprechen. Die schönste Arbeitszeitregelung – ob Vollzeit, verkürzt oder flexibel – nützt wenig, wenn Überstunden quasi Teil der Unternehmensphilosophie sind und ein Kriterium für Erfolg und Wert der Arbeit darstellen. Oft wird derjenige belächelt oder beargwöhnt, der pünktlich nach Hause geht, um einfach bei der Familie zu sein oder den Garten umzugraben. Wenn Workaholics spätabends nach Hause gehen, dann mit dem Laptop unterm Arm und dem Handy unterm Kinn. Und falls sie mal nicht arbeiten, treffen sie wichtige Leute beim Drink, lesen ein Buch, „das man gelesen haben muss“, sehen einen Film, der in aller Munde ist, oder besuchen eine Ausstellung, über die Mitreden Pflicht ist. Selbst die Sportart muss trendy sein und Eindruck schinden.

Der zweite Schritt besteht also darin, mit Verlassen des Unternehmens nach Möglichkeit Privatperson zu werden. Für einen Workaholic kann es schon ein Erfolg sein, wenn er im Urlaub nur ein Mal am Tag in der Firma anruft. Wer sich wohl dabei fühlt, sollte allerdings für eine bestimmte Zeit ganz abtauchen – in 99,99 Prozent der Fälle bricht das Unternehmen dadurch nicht zusammen. Im Gegenteil, wer wirklich abschalten und regenerieren kann, wird nach seiner Rückkehr dem Unternehmen mit umso größerem Elan zur Verfügung stehen.

Wem das nicht genügt bzw. wer weiter gehende Wünsche und Ziele hat, der sollte ernsthaft über Möglichkeiten nachdenken, wie er durch flexible Arbeitszeitregelungen mehr Zeit für sich gewinnen kann, ohne unnötige Abstriche am Job machen zu müssen. Balance ist auch hier wichtig, um sich die erwünschten Optionen in der Karriere offenzuhalten. Dass es nicht immer leicht ist, für sich selbst mehr Zeit einzufordern, ist klar. Manch einer wird in seinem Unternehmen Pionierarbeit leisten, Vorgesetzte überzeugen und Vorbehalte jeder erdenklichen Art ausräumen müssen, wenn er einen längeren Freizeitblock für sich beansprucht. Zwar gibt es die rechtliche Möglichkeit, die Realität sieht aber oft so aus, dass ohne gute Vorbereitung, gute Argumente, gute Partner und ein gutes Stück Durchhaltevermögen wenig erreicht werden kann.

Warum Arbeitnehmer zeitweise aussteigen wollen

Im Folgenden sollen einige der gängigsten Motive für Ausstiege auf Zeit dargestellt werden. Natürlich spiegelt diese Aufzählung nicht die gesamte Vielfalt individueller Gegebenheiten wider. Auch dann, wenn Sie sich hier vielleicht nicht wiederfinden, sollten Sie Ihr Vorhaben weiterverfolgen.

Ich möchte mich weiterbilden und umorientieren

Eine Weiterbildung außerhalb des Unternehmens steht auf der Wunschliste vieler Aussteiger ganz oben. Dabei ist es unwichtig, ob damit das weitere berufliche Fortkommen direkt oder nur mittelbar berührt wird. Wenn ein Arbeitnehmer beschließt, im Abendgymnasium das Abitur nachzuholen, dann kann das zunächst einfach ein lange gehegter Wunsch nach höherer Allgemeinbildung sein. Aber natürlich eröffnen sich dem Betreffenden dadurch perspektivisch auch neue berufliche Möglichkeiten – er kann etwa im Abendstudium einen Bachelor-Abschluss dranhängen und sich dadurch völlig neue Berufsfelder erschließen.

Ein weiterer Anlass für eine Auszeit kann der Gedanke sein, in einem anderen Unternehmen einen Nebenjob aufzunehmen. Die Gründe dafür liegen ganz bei Ihnen: Vielleicht suchen Sie gezielt nach einer beruflichen Alternative und wollen die Chancen vorab testen. Vielleicht suchen Sie Abwechslung, auch das ist legitim. Schließlich können Sie sich die ersten Schritte in die Selbstständigkeit durch eine Auszeit erleichtern. Der Vorteil: Sie sind für eine Übergangszeit finanziell abgesichert und müssen nicht gleich von der eigenen Firma leben. Und falls die ganze Sache doch schiefgeht oder Sie merken, dass Sie kein unternehmerischer Typ sind, bleibt Ihnen immer noch die vollständige Rückkehr ins Unternehmen. Wenn sie nebenberuflich tätig werden, sollten Sie das Ihrem Arbeitgeber unbedingt melden, um Probleme bis hin zu Abmahnungen und sogar fristloser Kündigung zu vermeiden.

Zwar gibt es ein grundsätzlich gesetzlich verankertes Recht auf freie Berufsausübung, wozu auch ein oder mehrere Nebenjobs gehören. Dennoch gibt es wie überall Ausnahmen.

Wann ein Nebenjob unmöglich ist

- Der Nebenjob steht in direkter Konkurrenz zu Ihrem Arbeitgeber. Nehmen Sie einen solchen Job an, kann es zum Verbot kommen, weil Sie damit die sogenannte allgemeine Treuepflicht Ihrem Arbeitgeber gegenüber verletzen.
- In Ihrem Arbeitsvertrag steht eine Nebentätigkeitsklausel, die bestimmte Tätigkeiten ausschließt. Eine Klausel, die jegliche Nebenbeschäftigung von vornherein ausschließt, ist allerdings unwirksam, da sie das Berufswahlrecht einschränkt. In diesem Fall ist aber eine Absprache mit dem Arbeitgeber Pflicht!
- Der Nebenjob kollidiert zeitmäßig mit dem Hauptjob, d. h. Sie können nicht ausreichend Ruhezeit zwischen den beiden Tätigkeiten einhalten. Bei einer Auszeit spielt das keine Rolle.

Ich brauche mehr Zeit für die Familie

Der Wunsch, mehr Zeit mit der Familie zu verbringen, ist einer der häufigsten Gründe für ein Sabbatical. Meist kommt gerade bei Männern wegen beruflicher Beanspruchung das Zusammensein mit Partner und Kindern zu kurz, und das Bedürfnis, dies ohne Hast und Zeitdruck nachzuholen sowie mehr Anteil an der Entwicklung der Kinder zu nehmen, lässt sie über einen Ausstieg nachdenken. Manche Väter wollen nach der Geburt eines Kindes gerade die erste, spannende Zeit hautnah miterleben und so eine ganz besondere Beziehung zum Kind aufbauen. Auch die Einschulung eines Kindes kann der Grund sein auszusteigen, um es beim Übergang in den neuen Lebensabschnitt ein halbes oder ganzes Jahr intensiv zu begleiten.

Neben der Kindererziehung spielt die Pflege von kranken und pflegebedürftigen Angehörigen eine große Rolle beim Wunsch nach mehr Freiraum. Angesichts der Situation der gesetzlichen Pflegeversicherung in Deutschland und der oft auch finanziell bedingten Notwendigkeit, Angehörige zu Hause zu pflegen, kann hier auf jeden von uns eine Aufgabe zukommen, die Zeit erfordert. Ob diese Zeit täglich erforderlich ist oder angespart und dann in einer längeren Phase genommen wird, hängt von der Erkrankung und den individuellen Umständen von betreuter und pflegender Person ab.

Ich will etwas ganz anderes tun

Der Wunsch, mehr Zeit für die eigene Entfaltung, für neue Lebenserfahrungen oder für ein schon lange geplantes Vorhaben zu haben, ist ein guter Grund, um vorübergehend auszusteigen. Lassen Sie die Kollegen ruhig lächeln, wenn Sie von einem Studium, einem Ehrenamt, einem längeren Klosteraufenthalt, einem Abendstudium oder Promotion, einem Freiwilligendienst oder einer halbjährigen Sprachreise erzählen, für die Sie die Zeit benötigen. Sie können sicher sein, dass die meisten Sie beneiden werden: um Ihren Mut und Ihre Entschlossenheit; um die Möglichkeit, den eigenen Horizont zu erweitern und neue Menschen kennenzulernen; um die Chance, dem Alltagstrott für eine bestimmte Zeit zu entfliehen. Wer ein ganzes Arbeitsleben lang diese Wünsche einfach unterdrückt, weil er sonst als weniger leistungsbereit und erfolgreich als die Kollegen gilt, erklimmt vielleicht tatsächlich die eine oder andere Karrierestufe mehr. Aber um welchen Preis!?

Dazu kommt, dass Erfolg, Geld und Macht auch im gesellschaftlichen Bewusstsein nicht mehr die alleinigen Gradmesser sind. Die Motivation für großen beruflichen Einsatz resultiert längst nicht mehr ausschließlich aus der Höhe der monatlichen Überweisung. Sinnhaftigkeit, Freude, Austausch mit Kollegen sind ebenso starke Motive für Leistungsbereitschaft. Und so ist es nicht verwunderlich, dass Personalchefs außer geradlinigen Karrieren auch interessante Abweichungen von der Norm honorieren – Abweichungen, die sowohl beruflich und als auch privat bedingt sein können.

Ich fühle mich leer und ausgebrannt

Wenn dieser Satz auf Sie zutrifft, sollten die Alarmglocken schrillen. Denn das sogenannte Burn-Out-Syndrom ist eine ernst zu nehmende Krankheit und keine Laune von Ihnen. Eine kurzzeitige Erschöpfung oder Lustlosigkeit ist sicher noch kein Burn-Out. Hält der Zustand aber an und kommen weitere Symptome hinzu, dann ist Hilfe erforderlich. Wenn Stress, hohe Anforderungen und häufig Angst um Arbeitsplatzverlust dazu führen, dass Sie den beruflichen Anforderungen nicht mehr gerecht werden oder Sie nur unter Aufbietung aller Reserven durchhalten, müssen Sie innehalten. Denn: Irgendwann sind die Reserven aufgebraucht. Wer auf dem Weg in diese Sackgasse nicht rechtzeitig stoppt und umkehrt, landet unweigerlich beim Arzt.

Dabei ist niemand von einem Tag auf den anderen so ausgebrannt. Vielmehr schleicht sich das Gefühl der Sinnlosigkeit und der permanenten Überforderung langsam ein. Folgende Anzeichen können Sie bei sich selbst registrieren:

- Im Prinzip beginnt der Prozess positiv – mit überdurchschnittlichem Engagement. Wer ausbrennt, hat vorher meist lichterloh für seinen Job gebrannt. In diesem Zustand der Euphorie wird häufig zu viel und zu lange gearbeitet, Misserfolge ignoriert, und erste Anzeichen von Ermüdung fallen dem übervollen Terminkalender zum Opfer.

- Langsam wird aus Müdigkeit chronische Erschöpfung, die nicht selten damit einhergeht, dass man schlecht schläft, tagsüber schlapp, gereizt und unaufmerksam ist und zu den Menschen der beruflichen Umgebung eine ungesunde Distanz aufbaut. Der Idealismus und die Hingabe zum Job schwinden immer mehr, die tägliche Arbeit ist nur noch belastend.

- Wer die Schuld für diese unbefriedigende Situation in der eigenen Person vermutet, zwingt sich vielleicht zu höheren Leistungen. Aber natürlich ist das ein Teufelskreis, der nur zu immer größerer Leere führt. Betroffene, die die Schuld in ihrer Umgebung suchen, reagieren aggressiv oder mit ständigen Nörgeleien, werden unbeliebt und isolieren sich mehr und mehr. Auch in der Partnerschaft kann es zu handfesten Konflikten kommen.

- Schließlich reagiert der Körper mit richtigen Beschwerden auf diese ständige Überlastungssituation. Fehlende Konzentration und mangelnde Ausdauer führen dazu, dass Fehler gemacht werden, die Leistung im Beruf lässt objektiv nach. Mancher entwickelt eine Depression, andere eher körperliche Beschwerden wie Schlafstörungen, sexuelle Probleme, erhöhter Blutdruck, Kopf- und

Rückenschmerzen, Tinnitus, nervöse Tics, Herz- und Magen-Darm-Probleme. Das Immunsystem ist nun geschwächt, Infektionen sind die Folge. Häufig ändern sich die Essgewohnheiten und lassen das Gewicht steigen. Nikotin, Alkohol und andere Drogen strapazieren zusätzlich die angeschlagene Gesundheit.

In dieser Situation ist ein normales Arbeitsleben kaum noch möglich. Hobbys verlieren vollkommen an Bedeutung, Familie und Partnerschaft sind von Krisen gekennzeichnet. Ein soziales Leben, wie Besuch von Freunden, findet nicht mehr statt. Folge sind die totale Einsamkeit und eine abgrundtiefe, lebensbedrohliche Verzweiflung. Das Leben verliert zunehmend seinen Sinn, und Suizid-Gedanken bestimmen häufig die Fantasie.

Wem es bereits so schlecht geht, der muss sich dringend in ärztliche Behandlung begeben! Der Hausarzt wird in ganz schweren Fällen eine Einweisung in eine Klinik veranlassen oder zum Neurologen überweisen. In den meisten Fällen kann ein geeigneter Psychotherapeut helfen, der über die Krankenkasse zu erfahren ist.

Besser ist es, bereits bei ersten Anzeichen die Notbremse zu ziehen. Das kann darin bestehen, die bestehende freie Zeit für aktive Entspannung zu nutzen, um Druck abzulassen, sich nach beruflichen Alternativen umzuschauen, die berufliche Situation im Rahmen des bestehenden Arbeitsverhältnisses zu verändern, etwa indem man sich Verbündete sucht oder mit Leidensgenossen zusammentut, mit Vorgesetzten über die Situation spricht u. Ä. Oder Sie entschließen sich dazu, einen radikalen Schnitt zu machen und für eine bestimmte Zeit ganz auszusteigen.

Ich bin arbeitssüchtig und will meinen Lebensstil ändern
Workaholics sind suchtkrank. Aufmerksam geworden ist man auf diese Art der Erkrankung zuerst in Japan. 1990 erkannte das japanische Arbeitsministerium an, dass Arbeitssucht zum Tode führen kann. Karoshi, Tod durch Überarbeitung, heißt die Diagnose.

Auch bei uns gibt es Menschen, die ihr gesamtes Selbstwertgefühl aus einem Übermaß an Arbeit und der damit zusammenhängenden vermeintlichen Anerkennung schöpfen. Schon in der Kindheit können prägende Beziehungen zu süchtigem Verhalten beitragen. So kann sich aus der übersteigerten Identifikation mit einem besonders tüchtigen und erfolgreichen Elternteil der Wunsch entwickeln, ebenso erfolgreich zu werden. Das gesamte Leben richtet sich darauf aus, alles perfekt zu machen und stets die Bewunderung anderer zu erhalten. Versagensangst und Rollenunsicherheit kommen verstärkt hinzu. Letztendlich sind viele Workaholics Persönlichkeiten mit einem labilen Selbstwertgefühl, die darauf angewiesen sind, das Manko durch besonderen Ehrgeiz und fremde Anerkennung auszugleichen.

Die Unterschiede zum – gesunden – arbeitenden Menschen sind oftmals fließend: Während dieser mit der Arbeit Geld verdienen und natürlich auch anerkannt werden will, aber daneben Hobbys hat, soziale Kontakte und zwischenmenschliche Beziehungen unterhält und seine Interessen in verschiedene Richtungen lenkt, besitzt der Arbeitssüchtige dagegen nur einen wahren Lebensinhalt: seine Arbeit. Alles um ihn herum ist auf seine Arbeit hin ausgelegt, er bringt immer weniger Interesse für andere Dinge und Menschen auf.

Erschwerend kommt hinzu, dass das unermüdliche Arbeiten am Erfolg von vielen Unternehmen und unserer Gesellschaft positiv bewertet wird. Mit ihrem überdurchschnittlichen Willen und ihrer Einsatzbereitschaft entsprechen Workaholics vielfach dem Idealbild der Führungskraft. Diese Menschen sind oftmals Maß aller Dinge, Vorbilder für Kollegen und Mitarbeiter. Doch die Rechnung geht nicht auf. Denn: Die Dauerüberlastung und die absolute Isolation vom normalen Leben führen unweigerlich zur Katastrophe.

Man kann die Krankheit, die Frauen und Männer gleichermaßen befallen kann, in vier Stadien einteilen:

Die Stadien der Arbeitssucht

- Einleitungsphase: Alle Gedanken des Arbeitssuchtgefährdeten kreisen mehr und mehr um seine Arbeit. Er beginnt heimlich zu arbeiten. Die Familie und andere soziale Beziehungen werden vernachlässigt. Nach einiger Zeit tauchen die ersten Schuldgefühle auf, man würde zu viel arbeiten.
- Kritische Phase: In diesem Stadium entscheidet sich, ob Arbeit nur übertrieben wird oder ob schon eine Sucht entsteht. Der Süchtige sucht nach Ausreden für sein Zu-viel-Arbeiten: Er wird unduldsamer und aggressiv. Seine privaten Beziehungen sind gefährdet. Seine gesamten Lebensbereiche ordnen sich der Arbeit unter.
- Die chronische Phase: Es zählt nur noch die Arbeit, sie gibt dem Arbeitssüchtigen die nötige Energie. Alles andere tritt zurück, es wird keine Kraft mehr dafür aufgewendet. Der Süchtige reißt durch falsch verstandenen Perfektionismus immer mehr Aufgaben an sich.
- Endphase: Bedingt durch krankhafte Folgeerscheinungen kommt es bei dem Arbeitssüchtigen zu einem massiven Knick seiner Leistungsfähigkeit. Er scheidet schon frühzeitig, meist schon Mitte 50, aus dem Berufsleben aus oder stirbt vorzeitig.

Besonders gefährdet sind Führungskräfte, die viel Raum für freie Gestaltungsmöglichkeiten im Job haben. Seltener tritt die Sucht bei Menschen mit festen Arbeitsstrukturen auf.

Workaholics haben oft

- ein geringes Selbstwertgefühl
- eine stark leistungsorientierte Erziehung erlebt und bewerten beruflichen Erfolg über
- den zwanghaften Ehrgeiz, zu hoch gesteckte Ziele mit Perfektion erreichen zu wollen
- einen harten, schnellen Arbeitsstil und neigen daher zu Hektik, Ruhelosigkeit, Wachsamkeit und Misstrauen
- ein ausgeprägtes Konkurrenzverhalten, werden leicht aggressiv und feindselig gegenüber Kollegen, die vermeintlich weniger leisten, und verlieren den sozialen Rückhalt
- den Drang nach Unabhängigkeit und Macht über andere Menschen
- eine explosive Sprechweise und verspannte Gesichtsmuskeln
- das Gefühl, als Einzige ständig unter dem Druck von Zeit, Erfolg und Verantwortung zu stehen.

Die überhöhten Ziele solcher Menschen führen zwangsläufig zu permanenten Gefühlen des Versagens, wodurch das angeknackste Selbstwertgefühl weiter schwindet. Das löst einen erneuten Schub an Arbeitswut aus, wodurch sich der Teufelskreis auf höherem Niveau wiederholt. Die Auswege aus der Krankheit sind vielfältig. Leicht gesagt, aber schwer getan ist das Setzen realistischer Ziele entsprechend den eigenen Möglichkeiten. Nicht jeder muss etwas ganz Ungewöhnliches leisten. Es hat keinen Sinn, um jeden Preis eine Aufgabe zu Ende zu bringen, mit der man überfordert ist oder die auf zu viele Widerstände trifft. Wichtig ist eine klar abgegrenzte Arbeitsaufgabe, die man durchschaut und beherrscht und innerhalb derer man sich selbstständig entwickeln kann. Da Workaholics nach fremder Anerkennung lechzen, sollten sie von Vorgesetzen und Kollegen regelmäßige Rückmeldungen einholen. Die bekommt man, auch ohne dass man sich totarbeitet. Schließlich verhindern Pausen und bewusste Entspannungsphasen, dass der Motor zu heiß läuft und gearbeitet wird, bis der Tank leer ist. Diese Pausen sind zudem notwendig, um die Arbeit reflektieren zu können und den nötigen Abstand zu gewinnen.

Wer mit diesen einfachen Methoden keine Linderung erfährt, sollte sich zu einem konsequenten Rückzug aus der krank machenden Arbeitsumgebung entschließen und die Zeit, die nun gezwungenermaßen zur Verfügung steht, gezielt ausfüllen. Dazu gehört ein Plan, damit man am Ende nicht doch wieder vor dem Laptop oder den Akten landet.

Ich will langsam in den Ruhestand gleiten

Menschen, die ein ganzes Leben lang gearbeitet haben, wünschen sich oft einen sanften Abschied vom Erwerbsleben. So vollzieht sich der Übergang gleitend, und es besteht die Möglichkeit, die langsam wachsenden Freiräume sinnvoll auszufüllen. Für andere ist es weniger die Angst vor dem Rentnerleben, die sie zu einer Reduzierung der Arbeitszeit veranlasst, als vielmehr der Wunsch, schon in jüngeren Jahren mehr Zeit für Partner, Familie, Hobbys, Reisen u. Ä. zu haben. In diesen Fällen ist auch ein echter vorgezogener Ruhestand denkbar, d. h. über Jahre hinweg baut sich der Arbeitnehmer etwa über Langzeitarbeitskonten ein zeitliches Polster auf, das er im Alter abfeiern kann.

3 | Was spricht für, was spricht gegen ein Sabbatical

Wer ein Sabbatical plant und dabei Neuland betritt, fürchtet wahrscheinlich nichts so sehr wie die Reaktion seiner Umgebung. Wie werden Partner, Familie und Freunde sowie Arbeitskollegen und Vorgesetzte reagieren? Wird man als Versager abgestempelt, der zu faul ist, um zu arbeiten? Begibt man sich freiwillig in die Isolation und entfernt sich von denjenigen, die rund um die Uhr für ihre Karriere im Einsatz sind? Verliert man Freunde oder das Ansehen unter den Kollegen? Wird sich der Teil-Rückzug negativ auf die weitere berufliche Entwicklung auswirken?

All diese Bedenken sind berechtigt und beschäftigen Aussteiger *in spe* zu Recht. Allerdings sollten Sie genau prüfen, ob und inwieweit diese Befürchtungen berechtigt sind, und wenn ja, wie Sie die Auswirkungen durch gute Planung in den Griff bekommen können. Und: Welche Argumente gegen eine Auszeit entspringen Ihrer eigenen Fantasie und mit welchen werden Sie von außen konfrontiert?

Gut gemeinte Vorbehalte ernst nehmen

Ernsthaft geäußerte Vorbehalte sollten Sie ernst nehmen, da sie helfen können, Fehler zu vermeiden. Wenn Freunde und Arbeitskollegen zunächst gegen Ihren Wunsch argumentieren, kann das verschiedene Gründe haben:

- Sie sind ernsthaft um Ihr Wohlergehen besorgt. Aus Mangel an guten Beispielen im Unternehmen oder im Bekanntenkreis gehen viele Skeptiker davon aus, dass „so etwas“ nicht gut gehen kann. Gibt es die Möglichkeit zur Rückkehr in die Vollbeschäftigung? Haben andere Kollegen den Aussteiger in der Zeit nicht längst beruflich überholt? Wie soll der Rückzug finanziert werden?

- Sie sind neidisch, da sie selbst auch den Wunsch nach mehr Balance zwischen Beruf und Selbstverwirklichung hegen, sich aber bisher nie getraut haben, dem auch nachzugeben. Neidern können Sie auf verschiedene Weise begegnen: Sie können sie einfach ignorieren und sie mit ihren eigenen unausgesprochenen und unausgelebten Wünschen allein lassen. Dann riskieren Sie allerdings, im Falle eines Scheiterns Ihrer Pläne eine Schar von Spöttern auf den Plan gerufen zu haben. Besser ist es, sie zu Mitstreitern zu machen, sie von Ihrer Idee zu begeistern und davon zu überzeugen, dass sie realistisch ist. Wer weiß, vielleicht leisten Sie ja damit Pionierarbeit und erreichen, dass andere Kollegen Ihnen nachfolgen?

- Sie sind argwöhnisch gegenüber der Art von Freiheit, die Sie sich gönnen wollen. Wo kämen wir denn hin, wenn jeder seine persönlichen Ziele in den Vordergrund stellen würde!? Wenn jemand beruflich flexibel und in der Lage ist, ausgetretene Pfade zu verlassen, wird er meist bewundert. Spielen allerdings private Dinge mit hinein, wird die Sache suspekt. Ist derjenige überhaupt zuverlässig? Kann man auf so einen Kandidaten in der Zukunft bauen? Solche Argumente können Sie entkräften, indem Sie Ihre Pläne langfristig entwickeln und wichtige Partner im privaten und beruflichen Bereich mit einbeziehen.

Für und Wider genau prüfen

Ihre eigene innere Stimme, die Ihnen ein schlechtes Gewissen einreden will, können Sie am besten zum Schweigen bringen, indem Sie das Für und Wider für sich selbst genau auflisten. Unterscheiden Sie bei den Pro-Faktoren zwischen solchen, die für eine Veränderung Ihres bisherigen Lebens sprechen, die also in der Vergangenheit begründet liegen, und solchen, die Sie sich von der Zukunft versprechen. Wenn eine generelle berufliche Unzufriedenheit das ausschlaggebende Moment ist, hilft eine Auszeit unter Umständen nicht weiter. Dann sollten Sie an die Ursachen gehen und über einen beruflichen Wechsel nachdenken.

Faktoren, die für eine Auszeit sprechen können

Womit ich unzufrieden bin

- Dauerstress durch zu lange Arbeitszeit
- Berufs- und Betriebsblindheit
- Gefühl des Ausgebranntseins, beginnende Demotivation
- Entspannungsphasen vom Job sind zu kurz
- keine Rückzugsmöglichkeit wegen ständiger Erreichbarkeit
- erste gesundheitliche Probleme
- Vernachlässigung von Freizeitinteressen
- Vernachlässigung von Familie und Freundeskreis
- keine interessante berufliche Perspektive
- keine Zeit, um über mögliche Alternativen im Leben nachzudenken
- keine Zeit, sich wichtige Lebensträume zu erfüllen

Was ich erreichen will

- wieder Spaß an der Arbeit
- genügend Freiräume für Selbstverwirklichung außerhalb der Arbeit
- Zeit zum Nachdenken, welche Ziele ich mir im Leben stellen will
- neue Erfahrungen sammeln, die sich auch im Job auszahlen (können)
- Zeit, um sie mit Familie, Freunden usw. zu verbringen

- Zeit, um ein vergessenes Hobby wieder- oder ein neues erstmals zu entdecken
- Zeit, um mich bewusst und dauerhaft zu entspannen
- Zeit zur Muße und zum Nichtstun

Welche dieser Faktoren auf Sie zutreffen, hängt natürlich von Ihnen ab. Insofern kann Ihre Liste ganz anders aussehen. Wenn Sie alle Argumente für eine Veränderung beisammen haben, sollten Sie sich auch um die andere Seite kümmern: Was spricht dafür, alles so zu belassen, wie es ist? Auch diese Contra-Argumente sollten Sie gewissenhaft auflisten.

Faktoren, die gegen eine Auszeit sprechen können

- finanzielle Abstriche am Einkommen sind unausbleiblich
- vermindertes Einkommen führt auch zu Abstrichen in der Sozialversicherung
- die berufliche Karriere wird unter Umständen langsamer oder anders verlaufen als geplant
- manche Kollegen bleiben skeptisch oder ablehnend
- die Auszeit kann Veränderungen in Gang setzen, an die vorher niemand gedacht hat (persönlich und beruflich)

Besonders das finanzielle Risiko muss genau durchgerechnet werden. Alles andere wäre blauäugig. Rechnen Sie sich daher Ihr zu erwartendes Einkommen genau aus und stellen Sie dem die monatlichen Ausgaben, die Sie damit bestreiten müssen, gegenüber. Wenn Sie es bisher noch nicht getan haben, sollten Sie damit beginnen, ein Haushaltsbuch zu führen. Hier werden die festen und veränderlichen Ausgaben festgehalten und Einsparmöglichkeiten sichtbar. Das Kapitel 9 (→ S. 107 ff.) beschäftigt sich mit den finanziellen Aspekten.

4 | Was tun während des Sabbaticals?

„In zwanzig Jahren wirst du mehr enttäuscht sein
über die Dinge, die du nicht getan hast,
als über die Dinge, die du getan hast.
Also wirf die Leinen los. Verlasse den sicheren Hafen.
Lass den Passatwind in deine Segel wehen.
Erforsche. Träume. Entdecke.“ Mark Twain

Bevor Sie an die konkreten Planungen für Ihr Sabbatical gehen, sollten Sie in etwa wissen, wofür Sie die Pause vom Arbeitsleben eigentlich nutzen wollen. Wer sich weiterbilden will, für den stellt sich diese Frage eigentlich nicht. Er hat den klaren Plan, etwas für die berufliche oder auch die allgemeine Weiterbildung zu tun. Komplizierter wird es, wenn Sie zwar einen vagen Wunsch nach Neuorientierung, vielleicht auch nur nach Muße verspüren, aber nicht genau wissen, wie Sie das erreichen wollen. Daher an dieser Stelle ein paar Anregungen und Erfahrungen.

Eine große Reise machen

Der kürzeste Weg zu dir selbst führt einmal um die Welt, hat der deutsche Fotograf Richard Hoffmann wohl etwas zugespitzt behauptet. Und der Erzähler Albert Camus meinte, das Reisen führt uns zu uns zurück. Eine große Reise, am besten eine Weltreise zu machen, gehört für viele Menschen zu den ganz großen, aber meist als unerreichbar empfundenen Träumen. Die Sehnsucht danach, sich von den Zwängen des Alltags zu lösen – zumindest für eine bestimmte Zeit –, Muße zu haben, sich einfach treiben zu lassen und zu sehen, was der Tag zu bieten hat, und dabei wie von allein Neues zu entdecken und zu erfahren: Mehr Menschen als man glaubt sind von diesem „Virus“ infiziert.

Was vor der Reise geklärt werden sollte

Das größte Hindernis, wirklich eine große Reise zu planen und auch zu unternehmen, berichtet Frank Höfer, Reiseexperte aus Bonn, besteht in der Entscheidung dafür.

„Diese Hürde ist offenbar so hoch, dass die meisten Menschen nie über sie hinwegkommen, selbst wenn sie im Grunde ihres Herzens nur zu gerne eine Weltreise machen würden. Zu viele Gründe sprechen scheinbar dagegen. Eine Weltreise ist auf den ersten Blick nicht kompatibel mit Sicherheitsdenken, steilen Karrieren und langfristigen Verpflichtungen. Wenn man sich mit Weltreisenden unterhält, wird man schnell feststellen, dass die meisten sehr lange mit der Idee schwanger gegangen sind. Es ist zuerst eine Verschiebung der eigenen Prioritäten erforderlich. Das ist ein Prozess, der bei vielen Leuten lange dauert. Aber wenn der Punkt erst einmal erreicht ist, dann gibt es kein Zurück mehr. Bei näherem Hinsehen stellt man aber schnell fest, dass man heute nicht mehr David Livingstone oder Alexander von Humboldt heißen muss, um auf eigene Faust die Welt zu bereisen, sondern dass man in den Fußstapfen vieler anderer wandeln kann. Verpflichtungen erscheinen oft nur so lange in Stein gemeißelt, bis man die eingefahrenen Denkmuster verlässt. Und in der jetzigen Lebensphase sind sie höchstwahrscheinlich sowieso kleiner als später. Der Karriereknick bleibt fast immer aus, ja die Reise kann sogar das Sprungbrett zu einer neuen Karriere sein. Und eine einjährige Weltreise ist durchaus finanzierbar, wenn man die zur Verfügung stehenden Geldquellen kennt und nutzt.“

Folgende Fragen sollten Sie vorab klären:

Wie lange soll ich reisen?
Bei einem Sabbatical ist die Dauer von vornherein begrenzt. Ein halbes Jahr sehen erfahrene Reisende als das Minimum an Zeit an, das man braucht. Mehr als zwei Jahre sind nicht empfehlenswert, weil dann die Rückkehr in den normalen Arbeitsprozess nur noch sehr schwer möglich ist.

Allein reisen, zu zweit, in der Gruppe?
Viele Singles verzichten wegen der fehlenden Reisebegleitung auf eine größere Reise. Es kann schon abschreckend sein, sich vorzustellen, dass man unterwegs alleine und krank vor Heimweh in einem Hotel sitzt. Wer allerdings schon mal einmal alleine unterwegs war, war in den meisten Fällen davon begeistert. „Als Alleinreisender ist man nämlich tatsächlich in den seltensten Fällen wirklich alleine", erklärt Frank Höfer. „Man wird sich immer wieder wechselnden Reisebekanntschaften anschließen und mit ihnen ein Stück des Weges teilen. In manchen Gegenden ist das extrem einfach, z. B. in Südostasien, Mexiko, Zentralamerika oder Australien. Generell sind Gegenden, die auf dem ausgetretenen Pfad liegen, ein gutes Pflaster für Alleinreisende. Nach meinen Erfahrungen sind ziemlich viele davon unterwegs, und bei den Langzeitreisenden ist der Anteil besonders hoch." Natürlich hat ein vertrauter Reisepartner auch viele Vorteile. Es ist sicherer, zu zweit zu reisen, wenn man krank wird, kann jemand helfen, die Kosten werden geteilt, und man hat hinterher jemanden, mit dem man in gemeinsamen Erinnerungen schwelgen kann.

Was kostet meine Reise?
Die Kosten schrecken viele Reisehungrige ab. Sie machen dabei allerdings den Fehler, den Preis für eine vierwöchige Malediven-Reise auf ein Jahr hochzurechnen. Dabei gelten bei Langzeitreisen andere Regeln. Je länger die Reise,

desto billiger wird sie, relativ zur Dauer gesehen. In den meisten Fällen liegen die Kosten unter den Lebenshaltungskosten, die in dem entsprechenden Zeitraum zu Hause anfallen würden.

Woher soll das Geld kommen?
Diese Frage ist für viele Normalsterbliche eines der Hauptprobleme. Wir gehen in Kapitel 9 (→ **S. 107 ff.**) darauf näher ein. Zunächst nur so viel: Es gibt nicht eine einzige Finanzierungsmethode, sondern viele kleine Teilschritte, die letztlich zum Erfolg führen. Daher erfordert eine Weltreise schon von der finanziellen Vorbereitung her für die meisten einen bestimmten zeitlichen Vorlauf.

Welche Fehler beim Reisen vermieden werden sollten

Die größten Fehler werden in der Regel bereits in der Planungsphase begangen. Vor allem sollten Sie sich nicht zu viel vornehmen, also nicht versuchen, möglichst viele Länder innerhalb kürzester Zeit zu bereisen. Darunter leidet die Qualität, und es gelingt nicht, Land und Leute auch nur halbwegs kennenzulernen. Faustregel: Nicht mehr als ein Land pro Monat. Wer versucht, wie in einem Kurzurlaub durch die wichtigsten Sehenswürdigkeiten zu hasten und von einem Ort zum anderen zu hetzen, der riskiert es, nach einigen Monaten völlig ausgebrannt zu sein und nichts mehr aufnehmen zu können. Daher sollten unbedingt Ruhephasen eingeplant werden, Zeiten, die man in aller Ruhe an einem Ort vertrödelt.

Ärger gibt es auch, wenn man sich von vornherein verbindlich auf eine allzu starre Route festlegt. Zwar ist eine grobe Planung sinnvoll und notwendig. Aber unterwegs kann viel passieren, was eine Änderung wünschenswert macht. „Bei langen Reisen“, erklärt Höfer, „werden sich die Perspektiven und Wünsche ändern, du nimmst viele neue Informationen auf und bekommst unterwegs neue Ideen, willst Dinge anders machen. Wehe, du hast dich dann selbst so eingeengt, dass das nicht mehr möglich ist!" Vor allem, wenn vorher eines der preiswerten sogenannten Round-the-World-Tickets gebucht wurde, sind keine nennenswerten Abweichungen möglich. Oft stehen die Verbindungen inklusive der Flugzeiten vorher fest. Sie sind zwar oft deutlich billiger als die flexiblen Tickets einer der großen Airline-Allianzen wie OneWorld oder Star Alliance, lassen aber eben wenig Spielraum.

Ein Problem kann entstehen, wenn Sie sich unterwegs mit Bekannten verabreden, mit denen Sie sich treffen oder gemeinsam ein Stück reisen wollen. Das schränkt die Reisefreiheit doch sehr ein. Zudem sind die Ansprüche von Kurz- und Langzeitreisenden sehr unterschiedlich: Der eine will unter Umständen möglichst viel in kurzer Zeit erleben, der andere braucht vielleicht gerade eine Ruhephase.

Unangenehm wird es, wenn zu wenig Geld einkalkuliert wurde und die Finanzen langsam zu Ende gehen. Es nützt wenig, wenn man sich in einem fernen Land mit vielen sehenswerten Dingen gerade noch Unterkunft und Proviant leisten kann. Im Zweifel sollte etwas länger auf die Reise gespart oder die Reise von vornherein kürzer angesetzt werden.

Die meisten Langzeitreisenden klagen unterwegs über ein schwergewichtiges Problem: Das Gepäck ist zu schwer. Vor allem Menschen, die sich zum ersten Mal für mehrere Monate von zu Hause wegbegeben, packen regelmäßig zu viel ein. Dazu Höfer: „Wenn du einmal deine leidvollen Erfahrungen mit einem vollgepackten 70-Liter-Rucksack gemacht hast, wirst du versuchen, bei jeder Reise weniger und weniger mitzunehmen, und trotzdem hast du immer noch das Gefühl, zu viel dabeizuhaben. Am Schluss schaffst du es, mit einem sehr kompakten Rucksack (40–45 Liter) auszukommen, der bequem unter einen Sitz oder in ein Gepäckfach passt." Vor allem Wertgegenstände sollten zu Hause bleiben. Gerade in armen Ländern provoziert man sonst die Gefahr, unnötige Aufmerksamkeit zu erregen.

Gut überlegen sollte man sich eine Gruppenreise, da mehr als zwei Interessen kaum unter einen Hut zu bekommen sind. Die Wahrscheinlichkeit, dass sich die Gruppe unterwegs aufsplittet und schließlich trennt, ist groß. Daher sollte jeder, der in der Gruppe reist, auch in der Lage sein, allein weiterzureisen.

Wer sich vorab nicht ausreichend über seine Reiseziele informiert, bekommt nur halb so viel mit. Daher sollte ein guter Reiseführer pro Land zur Urlaubslektüre gehören. Natürlich können unterwegs in Touristeninformationen oder direkt von Einwohnern detaillierte Informationen eingeholt werden.

Informationen über das jeweilige Land (auch Reisewarnungen), zu Einreisebestimmungen, zu notwendigen Impfungen usw. sind beim Auswärtigen Amt zu erfahren ***www.auswaertiges-amt.de***

Was andere Menschen zum Reisen bewegt

Wer gern mit Gleichgesinnten in Kontakt treten möchte, kann sich beispielsweise in eines der zahlreichen Foren von Aussteigern und Reiselustigen einloggen. Dort kann man nicht nur viele Beweggründe für eine Reise nachlesen und in Gedankenaustausch mit Leuten treten, die bereits den Schritt in die Welt hinaus gewagt haben. Oft wird auch ganz offen über die Ängste diskutiert, die einen dann doch davon abhalten können, den großen Traum zu verwirklichen.

Im Folgenden werden Menschen vorgestellt, die über ihre Motive Auskunft gegeben haben.

Thomas berichtet:
„Das größte Hindernis bei der Entscheidung für meine Reise war einfach die Angst. Es war die Angst vor der Zukunft, die Angst vor dem Ungewissen, die Angst vor dem, was danach kommt, wenn ich zurückkomme, aber vor allem die Angst, das aufzugeben, was ich erreicht habe … Obwohl diese Angstgedanken nicht völlig unbegründet sind, bin ich froh, dass ich den Mut gefasst habe und mich für meine Reise entschieden habe. Was ich mir immer sage, ist, dass ich mich bewusst für diesen Schritt entschieden habe, sodass ich auch die Konsequenzen akzeptieren werde. Und natürlich kann man den Trip jederzeit unterbrechen. Es geht nur darum, dass man mit sich selber ehrlich ist und wenigstens versucht hat, auf sein Herz zu hören. Es ist ein schönes Gefühl, wenn man es schafft, dass die Angst nicht mehr die treibende Kraft bei Entscheidungen ist. In diesem Sinne an alle Unentschlossenen: Traut euch!“

Volker berichtet:
„Es ist schon lange her: 1984 kündigte ich meinen sicheren Job bei einer Krankenkasse und bereiste für zehn Monate Indien, Nepal und Sri Lanka. Als ich zurückkam, freute ich mich auf Deutschland. Ich hatte eine depressive Phase von ein paar Wochen, aber die verging. Ich besuchte noch mal die Schule und fühlte mich insgesamt wohl. Aber irgendwie hatte ich nach einiger Zeit wieder Fernweh. Nach drei Jahren ging es für zwei Monate nach Indien. Weitere drei Jahre später war ich drei Monate in Indonesien und Malaysia, im Jahr darauf auf den Philippinen und in Südostasien. Ich bin in Deutschland zu Hause

und breche hin und wieder für ein paar Monate aus. Auf meinen Reisen habe ich tolle Menschen kennengelernt, unter anderem meine Frau. Ich war in den höchsten Gebirgen, dem tiefsten Dschungel, war in menschenleeren Wüsten und in brodelnden Städten. Ich war bei Bauern, Nomaden, war zusammen mit Touristen und normalen Menschen der Mittelklasse. Ich besuchte verschmutzte Slums und sprach mit den Menschen dort. Ich genoss die Stille und den Duft unberührter Natur, erlebte wilde Tiere in freier Wildbahn. Ich ärgerte mich herum mit Beamten und freute mich über die Hilfsbereitschaft vieler Menschen. Was ich erlebt habe, hat meinen Horizont erweitert, auch was Deutschland betrifft. Vor meinen Reisen habe ich immer sehr viel über Deutschland geschimpft. Das tue ich zwar immer noch, aber lange nicht mehr so viel. Ich habe vieles von dem, was es hier gibt, schätzen gelernt. Ich bin ruhiger und gelassener geworden und genieße die Vorzüge, die Deutschland bietet. Und noch etwas habe ich gelernt: Ich versuche immer freundlich und höflich zu sein – das funktioniert auch hier."

Auch andere Weltreisende berichten davon, dass die Erfahrungen im Ausland dazu beitragen können, das Leben hierzulande wieder in neuem Licht zu sehen.

Cocco berichtet:
„Nach drei Monaten in Vietnam, Thailand und Malaysia bin ich jetzt für kurze Zeit wieder in Deutschland, bevor es mit meiner einjährigen Weltreise weitergeht. Ich habe in den vergangenen drei Monaten schon so viel erlebt und gesehen – zu Hause geht die Zeit meist einfach so dahin. Viele Vorteile Deutschlands – Sozialsystem, Gesundheitswesen, Gleichberechtigung – sind mir allerdings erst im Ausland so richtig bewusst geworden. Da ich zum ersten

Mal in Asien war, war mir vieles fremd und hat mir teilweise auch Angst gemacht. Aber für mich war es eine tolle Erfahrung, dass ich auch schwierige Situationen bewältigen konnte. Und es hat meinen Horizont erweitert, zum Beispiel mit Einheimischen über ihr Leben zu sprechen."

Astrid schildert ihre Hoffnungen, Gedanken und Gefühle auf Reisen wie folgt:
„Am Beginn unserer Reise stand die Neugierde, fremde Menschen und Kulturen, andere Lebensformen kennen- und lieben zu lernen. Gleichzeitig beschäftigen mich auf einer eher unterbewussten Ebene Fragen wie ‚Wer sind wir wirklich?', ‚Wie wollen wir sein?', ‚Wie sollte unser Leben aussehen?' und ‚Was würden wir wann und wo gern tun?' Was wir wollen, das habe ich herausgefunden, können wir eigentlich erst begreifen, wenn wir eine Alternative sehen oder eine Wahl haben. Obwohl Deutschland eine große Vielfalt an Wahlmöglichkeiten bietet, fehlt beispielsweise die Möglichkeit, sich dem Konsum- und ewigen Wachstumswahnsinn zu entziehen ... Was wir unterwegs sehr schätzen lernten, war ein anderes Erleben und ein anderer Umgang mit der Zeit: Anderswo gibt es Menschen, die noch im Augenblick leben können. Ihr nächster Tag ist nicht bereits atomuhrexakt vorbestimmt, und sie sind nicht gewohnt, ihr gegenwärtiges Verhalten der Zukunft zu beugen. Für sie ist es selbstverständlich, nach Belieben im Hier und Jetzt zu verweilen. Sie würden es zum Beispiel nicht verstehen, warum jemand wider Willen jetzt nach Hause geht, weil er morgen früh unbedingt dieses oder jenes zu erledigen zu müssen glaubt. Obwohl wir unterwegs sehr anspruchslos geworden sind und jeden Cent umdrehen müssen, fühlen wir uns reisend reicher

und beschenkter als mit jedem großzügigen Gehalt; reich an Dankbarkeit und Demut dem Leben gegenüber."

Auf die Erfahrung, auf Reisen mit Wenigem auszukommen, geht auch Sonja aus Wien ein:
„Ich denke, der Traum von einer Langzeitreise beinhaltet noch viel mehr, als das Kennenlernen fremder Kulturen und neuer Menschen. Auch wenn das sicher einer der schönsten Gründe ist. Für mich persönlich bedeutet aber die Herausforderung auch, sich von materiellen Dingen zu lösen, also alles wegzulassen, was ich nicht unbedingt brauche. Das ist eine Wahnsinnserfahrung. Während ich gerade meine Wohnung auflöse und mein Auto verkaufe, erlebe ich kaum Wehmut, sondern vielmehr Freiheit. Je weniger man hat, desto weniger muss man sich Sorgen machen. Auch wenn man wie ich nicht im Luxus lebt, ist es doch ein Wahnsinn, wie viele Dinge man hortet, sammelt und schützt, ohne zu bemerken, dass sie zur Belastung geworden sind. Und ein ganz wichtiger Punkt, warum Reisen für mich ein Traum ist, ist das ‚Draußensein'. Hier in Wien bin ich beinahe den ganzen Tag in geschlossenen Räumen bei Glühbirnenlicht. Auf Reisen erlebe ich das ganz anders, das ist eine wunderbare Erfahrung. Je enger die Mauern und je einseitiger die Tätigkeiten werden, je monotoner das Leben wird und je mehr Angst einem eingeredet wird – in Österreich wollen sie eine Unwetterversicherung für jeden einführen, weil es mal gestürmt hat –, desto größer wird die Sehnsucht vieler Menschen da auszubrechen."

Quelle: www.weltreiseforum.de

Die Motive dafür, warum man sich für längere Zeit und ohne Zeitnot auf Reisen begeben möchte, sind so vielfältig wie die Menschen selbst. Über seine Wünsche und Vorstellungen muss sich jeder selbst klar werden, vielleicht auch durch den Gedankenaustausch mit Gleichgesinnten. Daher soll es an dieser Stelle nur ein paar grundlegende Tipps geben, auf welche Weise man sein persönliches Reiseziel ermitteln kann. Weitere organisatorische Tipps können Sie im Kapitel 10 (→ **S. 109 ff.**) nachlesen.

Einige Tipps für die Reiseplanung

Bei dem einen war es Jules Vernes „In 80 Tagen um die Welt", bei anderen ein zeitgenössischer Reiseroman, der ihn auf die Idee brachte, es selbst mal mit einer großen Reise zu probieren. Wie auch immer: Reiseliteratur spielt bei der Ideenfindung auch im Internetzeitalter eine große Rolle. Steffen Wettig, wohnhaft bei Apolda und erfahrener Weltreisender, hat auf seiner Internetseite *www.wettig.info* seine persönliche Reisebibliothek zusammengestellt, die vielleicht als kleine Orientierung dienen kann.

Außerdem empfiehlt sich der Besuch von Diavorträgen, Festivals und anderen Events zum Thema Weltreise. „Mir gefällt es, die Geschichten und Reiseabenteuer anderer Leute zu hören", berichtet Steffen Wettig. „Dass ich nur einer von vielen bin, habe ich erst bei den vielen verschiedenen Diavorträgen, Festivals und Veranstaltungen über ferne Länder gemerkt. Es scheint eine ganz besondere Faszination von den dort gezeigten Bildern und den erzählten Geschichten auszugehen. Vielleicht liegt es daran, dass die dortigen Akteure scheinbar unwirkliche Situationen wirklich erlebt haben. Vielleicht liegt es aber auch daran, dass wir immer gern Erzählungen anderer Leute anhören und über deren Erlebnisse staunen."

Hier erfahren Sie Termine von Diavorträgen und -festivals

www.weltsichten.de
www.globetreter.de
www.lichtbildarena.de
www.verlieren.de
www.durchgetreten.de
www.weitsicht-festival.de
www.bruno-baumann.de
www.proeve.com
www.dieter-glogowski.de
www.tilmann.com

Schließlich bietet natürlich das Internet bei der Reise- und Routenplanung eine fast unerschöpfliche Quelle.

Folgende Seiten helfen dabei, wichtige Tipps und Hinweise zu bekommen

www.weltreise-portal.com
www.weltreise-info.de
http://nikswieweg.colibri-reisen.de
www.globetrotter.org
www.lebenstraum-weltreise.de
www.worldtrip.de

Entscheiden muss man dann letztendlich allein, wo genau es hingehen soll. „Mit diesen ganzen Informationen überschüttet", erinnert sich Steffen Wettig, „setzte ich mich irgendwann mal nur mit einer Weltkarte, einem Blatt Papier und einem Stift hin und schrieb auf, was mir zu verschiedenen Ländern einfiel und was ich gern besuchen würde, wenn ich unbegrenzt Zeit und Geld hätte. Spätestens als ich damit fertig war, stellte ich fest, wie groß doch eigentlich die Welt ist und dass es nahezu unmöglich ist, all die Länder und Orte, die ich auf meiner Liste hatte, zu besuchen. Ich wäre kreuz und quer auf dem Erdball unterwegs. Es hieß also, bestimmte auszuwählen und sich auf eine grobe Route festzulegen. So schwer dies auch fiel, ist es sicherlich sinnvoller, ein paar Ziele und Länder weniger anzusteuern, aber die dafür umso intensiver."

Checkliste: Vorbereitung auf eine große Reise

Nach der Entscheidung für die Reise:

- anfangen, Geld zu sparen
- evtl. Reisepartner suchen
- Informationen über Länder sammeln
- Fremdsprachen auffrischen oder neu lernen

Ein Jahr vor der Reise:

- Familie einweihen
- über Impfungen informieren (müssen manchmal wiederholt werden)
- Kündigungsfristen für unnötige Verträge heraussuchen
- Reiseroute eingrenzen
- Arbeitgeber in Sabbatical-Wunsch einweihen

Ein halbes Jahr vor der Reise:

- Reiseverbindungen, Reisewetter, Einreisemodalitäten recherchieren
- Freunde über Reise informieren
- Impfberatung
- Reisepass beantragen oder Gültigkeit überprüfen
- Finanzen und Papiere ordnen
- unnötige Dinge verkaufen und Ballast abwerfen
- einen Ansprechpartner des Vertrauens für die notwendige Kommunikation mit der Heimat gewinnen

Vier Monate vor der Reise:

- für Reiseroute entscheiden
- Tickets kaufen
- Ausrüstung für die Reise kaufen
- keine neue Beziehung anfangen
- Vertrag mit dem Arbeitgeber schließen oder kündigen
- Untermieter für Wohnung suchen
- Zeitschriften abbestellen
- Unterkunft in der ersten Stadt buchen

Drei Monate vor der Reise:

- Check-up bei Zahn- und Hausarzt
- evtl. separates Reisekonto eröffnen
- Gültigkeit der Kreditkarte überprüfen oder neue beantragen
- internationalen Führerschein besorgen

Zwei Monate vor der Reise:

- Auslandsreise-Krankenversicherung abschließen
- Wohnung untervermieten
- Visa beantragen

Ein Monat vor der Reise:

- Auto abmelden, Kfz-Versicherung informieren
- Ausrüstung komplettieren
- alle Ausrüstungsgegenstände fotografieren (für die Versicherung)
- Rucksack probepacken
- Reiseschecks und Bargeld besorgen
- Kopien aller Dokumente machen, einscannen und an die eigene E-Mail-Adresse schicken (für den Fall des Verlustes)
- Drogerieartikel und Medikamente kaufen

Zwei Wochen vor der Reise:

- Rucksack endgültig packen
- letzte Impfungen abschließen
- ggf. Malaria-Prophylaxe beginnen

Unmittelbar vor der Reise:

- Abschiedsparty

Quelle: www.weltreis-info.de

Leben im Kloster

Einige Wochen oder Monate in der Abgeschiedenheit und Ruhe eines Klosters zu verbringen, kann eine ganz besondere Erfahrung sein. Klöster sind heutzutage in vielen Fällen offen für Gäste, die die Stille und Einkehr dieser besonderen Orte genießen wollen und – aus ganz unterschiedlichen Motiven – ins Gespräch mit sich oder Gott kommen wollen. Eine Konfession ist in vielen Fällen nicht nötig, nur der Wille, das Ordens- oder Klosterleben zu respektieren.

Klöster sind heute längst nicht mehr die weltabgewandten Orte, wie man sie aus der Literatur früherer Zeiten kennen mag. Die Ordensschwestern und -brüder übernehmen vielfach durchaus weltliche Aufgaben, kümmern sich um die Restaurierung historischer Gebäude, organisieren kulturelle Veranstaltungen und Diskussionen. Dennoch leben sie natürlich ein ganz anderes als unser hektisches Alltagsleben. Wer will, kann weitgehend an Gebeten, Gesprächen, Mahlzeiten usw. der Gemeinschaft teilnehmen, muss aber nicht. Die Unterkünfte sind meist einfach, aber nicht unbequem, der Tag wird bestimmt durch Gebete und praktische Verrichtungen. Natürlich können Gäste jederzeit die Klostermauern hinter sich lassen, falls sie es wollen. Schon nach wenigen Tagen im Kloster spürt man, dass die Welt auf der einen Seite klein und übersichtlich wird, sich auf der anderen Seite indes öffnet. Man kann es auch als Weltreise zu sich selbst bezeichnen. Alle Ablenkung, alle Eindrücke von außen beschränken sich auf ein Mindestmaß, die Tage fließen im Gleichmaß dahin. Durch diesen Mangel an Hektik, an Reizüberflutung und Geschäftigkeit richtet sich die Aufmerksamkeit ganz von allein auf das, was sich in unserem Inneren abspielt. Natürlich ist das nicht einfach, und es geht auch nicht von heute auf morgen. Angebote von Klöstern, wie Meditationen und Kontemplationen, aber auch Gespräche über die Natur oder das Erlernen mittelalterlicher Techniken helfen dabei, sich von Alltagsproblemen zu lösen.

Gastfreundschaft spielt im klösterlichen Leben von jeher eine große Rolle. Klosterbrüder und -schwestern waren angehalten, Gästen freundlich und hilfsbereit zu begegnen. So legte der heilige Benedikt in seinem Regelwerk fest:

„Die Aufnahme der Gäste: Alle Fremden, die kommen, sollen aufgenommen werden wie Christus; denn er wird sagen: ‚Ich war fremd, und ihr habt mich aufgenommen.' Allen erweise man die angemessene Ehre, besonders den Brüdern im Glauben und den Pilgern."

Anders als zu früheren Zeiten, als sich der Abt dem Gast zu Füßen zu werfen hatte und ihm die Füße waschen sollte, braucht man heute eine derartige Behandlung nicht mehr zu befürchten. Dennoch wird auch heute Gastfreundschaft großgeschrieben. Allerdings sollte man nicht spontan an die Klosterpforte klopfen, sondern sich ordentlich vorher anmelden. Achtung: Klöster, die von einer Äbtissin geleitet werden, sind in der Regel nur Frauen zugänglich und umgekehrt. Viele Klöster bieten regelrechte Programme, die von wenigen Einkehrtagen bis hin zu längeren Aufenthalten reichen. Ungeachtet aller Unterschiede, die durch historische und regionale Besonderheiten der einzelnen Klöster bedingt sind, kann der Gast überall an folgenden Bestandteilen des Klosterlebens teilnehmen, falls er mag:

- Teilnahme an den Gebetszeiten: Klostergäste können an den gemeinsamen Gebeten wie den Stundengebeten Vigil, Laudes, Terz, Sext, Non, Vesper und Komplet teilnehmen.
- Wohnung innerhalb der Klausur oder einem Gästehaus: Dadurch bekommt man einen unmittelbaren, direkten

Einblick in den Alltag der Brüder oder Schwestern, wobei auch eine größere Anpassung und Rücksichtnahme durch den Gast notwendig sind.

- Begleitung durch ein Mitglied der Ordensgemeinschaft: Wer auf der Suche nach einer persönlichen Neuorientierung ist oder sich in außergewöhnlichen Lebenssituationen befindet, bekommt einen „Mentor" an die Seite gestellt, der vor allem für intensive Gespräche zur Verfügung steht. Auch Gruppen können sich im Kloster begleiten lassen. In vielen Klöstern werden hier Kurse angeboten, die unterschiedliche Themen zum Gegenstand haben, etwa Bibelarbeit, geistliche Vorträge, kreatives Gestalten, Übungen zur Selbsterfahrung oder Meditation. Es gibt auch Kurse, die sich mit dem klösterlichen Leben an sich, seinen Regeln und seiner Praxis beschäftigen. Auch Reisen oder Kurse zu einem Thema, das nur weitläufig mit dem Thema Kloster zusammenhängt, werden angeboten.
- Klosterführungen und Begegnungen mit Ordensmitgliedern
- Einkehrtage und Besinnungstage
- kulturelle Angebote

Viele Klöster machen kulturelle Angebote, etwa Kunstausstellungen, Vortragsabende, Konzerte, die den Programmen anderer kirchlicher Bildungseinrichtungen ähneln. Allerdings findet der Gast hier immer die Anbindung an die Klostergemeinschaft.

Hier finden Sie Adressen und Beschreibungen von Klöstern, die sich auf Gäste freuen:

www.ekd.de/kloster

Sabbatzeit im Kloster

Das Kloster Selbitz (Oberfranken, Landkreis Hof) bietet speziell für Frauen zwischen 23 und 40 Jahren eine Sabbatzeit. Sie beginnt jeweils im Frühjahr und Herbst und dauert einen, drei oder fünf Monate.

Die Zall der Teilnehmerinnen ist auf sieben begrenzt. Vorgesehen ist die Teilnahme an Gebetszeiten und Gottesdiensten, halbtags eine praktische Mitarbeit an allem, was in einem Kloster erledigt werden muss, das Erleben von „Wüstentagen“ (Einkehrtage mit besonders einfacher Lebensweise), Gruppengespräche und seelsorgerische Begleitung. Pro Monat kosten die Kurse 200 Euro. Vorausgesetzt werden der Wunsch, tief gehende religiöse Erfahrungen machen zu wollen, und die Bereitschaft, sich auf eine Gruppe einzulassen. Interessierte bewerben sich mit einem Lebenslauf, einigen Sätzen zur persönlichen Glaubensgeschichte und den Gründen, die zu einer Klosterzeit motivieren. Bei längeren Aufenthalten gibt es vorab Kennenlernphasen, in denen man über einen Zeitraum von ein bis zwei Wochen testen kann, ob ein ausgedehnter Klosteraufenthalt überhaupt in Betracht kommt.

Weitere Infos 🌐 *www.christusbruderschaft.de*

Soziales Engagement

Sehr viele Menschen wollen ihr Sabbatical für eine Neuorientierung nutzen. Es geht ihnen darum zu erfahren, welche Lebensweisen es außerhalb der Bereiche gibt, in denen sie sich bisher bewegt haben. Neben Reisen bieten sich dafür auch die vielfältigen Möglichkeiten des freiwilligen und gemeinnützigen Engagements an. Besonders tief greifende Erfahrungen können bei einem Freiwilligendienst im Ausland gemacht werden.

Freiwilligendienste

Längst gibt es Freiwilligendienst nicht mehr nur für ganz junge Leute. Aufgrund der demografischen Entwicklung möchten und sollen auch erwachsene und ältere Menschen die Chance bekommen, irgendwo in der Welt an einem sozialen Brennpunkt zu helfen. Federführend bei der Organisation solcher generationsüberschreitenden Freiwilligendienste ist der „Internationale Freiwilligendienst für unterschiedliche Lebensphasen" (IFL), ein Teil des Modellprogramms „Generationsübergreifende Freiwilligendienste" des Bundesministeriums für Familie, Senioren, Frauen und Jugend (BMFSFJ). Träger des Projekts ist ein Verbund von Organisationen aus dem Bereich personeller Entwicklungszusammenarbeit, der internationalen Freiwilligendienste und der entwicklungspolitischen Bildungsarbeit mit dem Arbeitskreis „Lernen und Helfen in Übersee" (AKLHÜ) als koordinierender Stelle. Mitte 2005 wurden die ersten Freiwilligen im Rahmen des IFL entsendet. Dabei sind Menschen mit ganz unterschiedlichem persönlichen oder beruflichen Hintergrund – vom Schulabgänger, der erste Auslandserfahrungen sammeln will, über Berufstätige, die sich eine Auszeit vom Arbeitsalltag nehmen, bis hin zur Rentnerin, die sich noch nicht zur Ruhe setzen, sondern ihre Zeit mit einem sozial engagierten Auslandseinsatz sinnvoll nutzen möchte. Viele der Projekteinsätze sind speziell auf die Begegnung der Generationen ausgerichtet. Freiwillige unterschiedlichen Alters arbeiten miteinander und engagieren sich gemeinsam. Junge Menschen sind in der Altenpflege tätig oder ältere Menschen in der Kinderbetreuung oder der Jugendhilfe. Das Projektangebot ist vielfältig. Die Freiwilligen können sich weltweit – derzeit in über 40 Ländern – engagieren – ob für Frieden und Menschenrechte, für Gesundheit, Kultur und Bildung, für soziale Gerechtigkeit, Integration oder den Schutz der Natur. Zudem werden Freiwillige aus den Partnerländern in Deutschland aufgenommen, wo sie sich in gemeinnützigen Einrichtungen betätigen. Die Dauer der Aufenthalte variiert von Projekt zu Projekt. Grundsätzlich werden Dienste ab drei Monate bis über ein Jahr angeboten.

Wer sich zu einem solchen Einsatz entschließt, wird vorher, währenddessen und nachher betreut und nimmt an verschiedenen Veranstaltungen teil. Das soll helfen, das Gesehene und Erlebte besser zu verstehen und zu verarbeiten. Ein Vorbereitungsseminar führt in die Kultur und Arbeit am Einsatzort ein. Hier werden auch Fragen geklärt, Probleme besprochen, Hinweise gegeben. Während der Zeit im Ausland steht vor Ort ein persönlicher Ansprechpartner zur Verfügung. Auch bei der jeweiligen Organisation in Deutschland, durch die man entsendet wurde, gibt es Kontaktpersonen. Während des Einsatzes finden Workshops oder andere begleitende Veranstaltungen statt. Nach der Rückkehr werden Zusammenkünfte organisiert, um Erfahrungen aufzuarbeiten und mit den anderen auszutauschen.

Hier finden Sie eine Übersicht über die Länder, in die Sie reisen können, sowie eine Datenbank mit aktuellen Stellenangeboten; für eine erste Kontaktaufnahme kann hier eine Bewerbungsanfrage gestartet werden.
www.internationale-freiwilligendienste.org/mitmachen.html

Auch der Arbeitskreis „Lernen und Helfen in Übersee e.V." steht für Anfragen aller Art zur Verfügung. Im Download-Bereich finden Sie ein Informationspapier speziell für Menschen, die ihr Sabbatjahr für einen Freiwilligendienst im Ausland nutzen möchten ***www.entwicklungsdienst.de***

Im Folgenden werden Organisationen vorgestellt, die engagierte Helfer suchen.

Internationale Freiwilligendienste für Erwachsene

Aktion Sühnezeichen Friedensdienste
Behinderte, Migranten, Obdachlose, Flüchtlinge, Landwirtschaft
12–18 Monate, Europa, *http://asf-ev.de*

Brethren Voluntary Service
Kirche, Kinder, Landwirtschaft, Gesundheit, Inhaftierte
6–24 Monate, weltweit, *http://brethrenvolunteerservice.org*

Deutscher Verein vom Heiligen Lande
Altenheime, Klöster, Obdachlose, Krankenhäuser,
6 Wochen bis 12 Monate, Israel/Palästina,
www.heilig-land-verein.de

EIRENE – Internationaler Christlicher Friedensdienst
Versöhnung, Obdachlose, Behinderte, Friedens- und Umweltarbeit
12 Monate, Europa und USA, *http://eirene.org*

Evangelisches Missionswerk Südwestdeutschland
Begleitung von Schülern, Kranken etc.
mind. 3 Monate, Israel/Palästina, 🌐 http://ems-online.org

Jesuit European Volunteers
soziale Projekte des Jesuitenordens
mind. 1 Jahr, Lateinamerika, Asien, Afrika, 🌐 http://jev-online.de

Christliche Dienste
Sozial-, Friedens- und Missionsprojekte
1–3 Jahre, weltweit, www.christlichedienste.de

Nothelfergemeinschaft der Freunde
Unterschiedliche Arbeitsbereiche
4 Wochen bis 1 Jahr, Europa, Asien, Lateinamerika, Israel/Palästina,
🌐 *http:// nothelfergemeinschaft.de*

Unsere kleinen Brüder
Waisenkinder und Schwestern
mind. 1 Jahr, Mittel- und Südamerika, 🌐 *www.nphamigos.org*

Peace Brigades International
Menschenrechte, Gewaltfreiheit, Begleitung
mind. 1 Jahr, weltweit, 🌐 *www.peacebrigades.org*

IFL
soziale, ökologische Projekte, Bildung, Menschenrechte
3–18 Monate. weltweit,
🌐 *http://internationale-freiwilligendienste.org*

Freiwillige berichten von ihren Erlebnissen mit sozialen Projekten

Barbara, 48 Jahre alt, mit den Freunden der Erziehungskunst in Peru, Unterstützung einer Waldorfschule
In Peru arbeite ich an zwei verschiedenen Einrichtungen. Im Institut Schiller-Goethe, einem Institut zur Ausbildung von Waldorfkindergärtnern und Klassenlehrern, liegt mein Schwerpunkt in den Naturwissenschaften und der Mathematik. Außerdem leite ich den Chor und den Flötenkreis. In der Waldorfschule Cieneguilla baue ich mit anderen Helfern zusammen ein Orchester auf.

Cieneguilla liegt am Stadtrand von Lima, eine gute Autostunde vom Stadtzentrum entfernt. Es ist ein ländliches Gebiet am Fuße der Anden. Die Berge sind schroff, völlig kahl. Nur das Flussbett des Lurin ist begrünt. Früher betrieben die Einwohner Landwirtschaft und Viehzucht. Heute ist Cieneguilla ein beliebtes Naherholungsgebiet. Restaurants reihen sich aneinander, in denen am Wochenende reger Betrieb herrscht. Vor allem im Winter strömen die Menschen aus dem nebligen Lima heraus, denn hier scheint fast das ganze Jahr über die Sonne.

Die Waldorfschule Cieneguilla, 1992 gegründet, ist eine Schule mit zehn Klassen und drei Kindergartengruppen. Die elfte Klasse kommt im März dazu. Die Schüler stammen zum großen Teil aus Cieneguilla: Kinder von Arbeitern, Tagelöhnern, Händlern oder Wächtern, die die Zweitvillen der Reichen bewachen, solange die Besitzer in ihren Häusern der vornehmen Stadtteile Limas wohnen. Viele Kinder kommen aus bitterarmen Verhältnissen. Der Kauf eines Bleistiftes oder eines Heftes kann schon ein Problem sein. Es gibt auch wohlhabendere Familien mit regelmäßigem Einkommen, deren Kinder die Schule besuchen. Die Waldorfschule Cieneguilla ist eine der ganz wenigen Schulen Perus, wo sich Arme und Reichere treffen. Ein wichtiger Grund für mich, diese Schule zu unterstützen.

Das Projekt, das ich betreue, ist der Aufbau des Schulorchesters. Alle Kinder spielen Blockflöte. Es gibt auch seit einiger Zeit Geigenunterricht. Die jungen Freiwilligen aus Deutschland bieten Unterricht in Geige, Violoncello, Trompete und Saxofon an. So kann man im Laufe der Zeit den Klangkörper des Orchesters erweitern.

In mehreren Aufführungen stellte das Orchester sein Können unter Beweis. Wir wurden zweimal von einer kirchlichen Organisation eingeladen, um eine Veranstaltung musikalisch zu bereichern. Die Zuschauer applaudierten begeistert; so eine Arbeit kennen die Menschen hier kaum. Für die Schüler war das ein großartiges Ereignis. Viele peruanische Kinder, vor allem aus den Reihen der Armen, wachsen mit einem Gefühl der Minderwertigkeit heran. Dieses Erlebnis erfüllte sie mit Stolz und Zuversicht.

Renate, 42 Jahre alt, mit Aktion Sühnezeichen in Israel, Pflege und Betreuung alter Menschen

Mein Einsatz in Israel begann mit einem dreitägigen Seminar im Beit BenJehuda in Jerusalem. Wir waren acht Freiwillige im Alter zwischen 18 und 68 Jahren. Ein bisschen beklommen war mir schon, als ich im strömenden Regen im Kibbuz ankam. Was würde mich erwarten, würde ich wirklich klarkommen mit diesen so völlig anderen Lebensumständen als in Deutschland, mit der Sprache? Würden die Menschen im Altenheim mich überhaupt akzeptieren? Vor mir hatte noch keine Deutsche in diesem Altenheim gearbeitet. Die Bewohner dort stammen fast alle aus Polen und hatten den Holocaust überlebt.

Und dann – welche Wärme und Herzlichkeit empfingen mich! Als wäre ich ein lange vermisstes Mitglied der Familie. Nichts von Ablehnung oder Argwohn. Meine Chefin, Dvora, empfing mich mit offenen Armen und stellte mich allen vor. Und jede der Bewohnerinnen und auch meine Kollegen begegneten mir mit Freundlichkeit und wohl auch einer Spur Neugier, was diese Deutsche hergetrieben hatte und was man von ihr wohl zu erwarten hätte.

Ich bekam meinen ersten Dienstplan. Eine Kollegin war für mehrere Monate erkrankt, und ich hatte ihren Platz einzunehmen, was bedeutete, dass ich voll in den Pflegedienst integriert war. Am anderen Morgen um sechs Uhr begann mein erster Dienst. Ich wusste ja, dass die Menschen dort Überlebende des Holocaust waren, aber als ich der ersten Bewohnerin dort beim Anziehen half und die blaue Nummer auf dem Arm sah, schnürte es mir den Hals zu. Hadassah, diese Frau, hatte Auschwitz überlebt. Und gerade sie brachte mir so viel Liebe und Zuneigung entgegen in den nächsten Monaten und weinte bitterlich, als es am Ende meiner Zeit dort ans Abschiednehmen ging.

Meine rudimentären Sprachkenntnisse – ich hatte vor Jahren mal einen Sprachkurs in Hebräisch gemacht – waren manchmal etwas problematisch. Manchmal fragte ich Abke, einen Bewohner, der Deutsch und Jiddisch sprach, nach einem Wort. Und dann, immer öfter, kamen die Antworten von überall her aus dem Aufenthaltsraum, und es stellte sich heraus, dass alle Bewohner Jiddisch oder

Deutsch konnten. Und es war bewegend zu sehen, wie sie plötzlich untereinander auf Jiddisch zu kommunizieren begannen. Oft genug sorgte ich allerdings auch unfreiwillig für Lachsalven, wenn ich Wörter verwechselte.

Ein besonderes Erlebnis war es auch, den jüdischen Glauben mit seinen Sitten und Gebräuchen kennenzulernen. Den Sabbat zu feiern und die verschiedenen Feste, von denen mir vor allem Pessach unvergesslich bleiben wird.

Die Gruppe, mit der ich gekommen war, war wirklich bunt gemixt, sowohl altersmäßig als auch, was Anschauungen, Berufe, den Lebensstil betraf. Wir waren nur kurze Zeit zusammen, zweimal drei Tage in Jerusalem, aber wir waren über E-Mail in Kontakt und haben uns während der ganzen Zeit doch als Gruppe gefühlt. Und zu sehen, wie „innerlich jung" gerade unser ältester Freiwilliger war, war wirklich eine Freude.

Die Seminare waren inhaltsreich, abwechslungsreich, informativ, bewegend. Manchmal war man wirklich in einem Wechselbad der Gefühle. Gespräche mit Zeitzeugen, Journalisten, die Besuche in Jad VaShem, dann wieder die Fahrt nach Ramallah und der Besuch eines palästinensischen Flüchtlingslagers. Jeder Tag der Seminare war sehr intensiv und emotional. Keinen von ihnen hätte ich missen wollen.

Ich kann wirklich nur jedem wünschen, egal welchen Alters, eine solche Erfahrung zu machen. Sie ist eine Bereicherung, ein Geschenk für das Leben, für jeden aus unserer Gruppe. Zu lernen, sich auf andere einzustellen, zuzuhören, zu akzeptieren – ganz gleich, wie groß der Altersunterschied ist. Wenn man immer nur mit Menschen der eigenen Generation zusammen ist, neigt man wohl sehr dazu, zu erstarren, im eigenen Saft zu schmoren. Die Gedanken der ganz Jungen und etwas Älteren kennenzulernen, ihr Lebensgefühl, ihre Absichten zu erspüren, kann frischen Wind in die eigenen, manchmal festgefahrenen Vorstellungen bringen.

Neben all den Erfahrungen, die die Arbeit im Altenheim „Bet HaDekel“ mit sich brachte, bin ich dafür besonders dankbar. Ich würde mir wünschen, dass noch viele Menschen die Möglichkeit bekommen, diesen Friedensdienst zu leisten. Es wird nur noch für eine begrenzte Zeit Menschen geben, die vom Holocaust so unmittelbar betroffen waren. Aber auch für die Kinder und Kindeskinder der Opfer ist dieser Friedensdienst von großer Bedeutung. Ich habe das immer wieder gemerkt, wenn die Kinder und Enkel „meiner“ Bewohner sich bei mir für meinen Dienst bedankt haben.

Diese Monate in Israel waren eine reiche, emotionale, unvergessliche Zeit.

Quelle: *www.internationale-freiwilligendienste.org/berichte.html*

Hospizarbeit

Eine ganz besondere Herausforderung, aber wohl auch eine einmalige Erfahrung bietet die Begleitung schwerstkranker und sterbender Menschen. Lange Zeit – und eigentlich immer noch – wurde das Sterben als letzter Lebensabschnitt bewusst aus dem Leben und aus unserem Bewusstsein ausgeklammert. Gestorben werden sollte möglichst anonym, die Gesellschaft der Lebenden wollte davon keine Kenntnis erlangen. Damit wurde das Sterben, das zum Leben jedes Menschen dazugehört, als unmenschlich abgetan. Als Antwort auf dieses An-den-Rand-der-Gesellschaft-Drängen entstand Ende der 1960er Jahre in England die Hospizbewegung. Heute versteht man unter dem Begriff „Hospiz" ein umfassendes Konzept. Grundgedanke: Sterbenskranke Menschen sollen auch ihre letzte Lebensphase zu Hause, in der geliebten und gewohnten Umgebung verbringen dürfen. Dies geschieht in der Regel ambulant. Es kann aber auch durch speziell eingerichtete Zimmer in Krankenhäusern und Pflegeheimen geschehen, die nicht an die sterile Umgebung von Krankenhäusern erinnern und Geborgenheit geben sollen. Beide Varianten werden gleichrangig angewendet. Hospizarbeit ist weltweit aus der Initiative und dem Engagement von Ehrenamtlichen entstanden. Trotz der notwendigen und zunehmenden Professionalisierung dieser Tätigkeit gilt nach wie vor, dass die Hospizbewegung ihre Existenz dem Geist der Ehrenamtlichkeit verdankt. Ihnen ist es maßgeblich zu verdanken, dass der Umgang mit Sterben, Tod und Trauer in den letzten Jahrzehnten wesentlich enttabuisiert wurde.

Mit der Etablierung von Hospizen in Deutschland verändert sich aber auch die Rolle der Freiwilligen. Sie werden zunehmend zu Spezialistinnen und Spezialisten in einem Team von haupt- und ehrenamtlichen Mitarbeitern und sind damit ebenso wichtig wie Pflegekräfte, Ärzte, Sozialarbeiter und Seelsorger. Der Bedarf an ehrenamtlichen Hospizhelfern ist groß. Vor allem werden die Freiwilligen als natürliche Brücke zur Außenwelt, praktisch als Teil des ganz normalen Lebens „da draußen" angesehen und sind daher willkommen. Hospizarbeit verlangt nicht nur eine hohe psychische Belastbarkeit, da das Sterben – auch fremdes – natürlich Ängste auslöst. Es verlangt auch ein hohes Maß an Kenntnis über den Sterbeprozess, über die Möglichkeiten, Sterbenden tatsächlich hilfreich zur Seite zu stehen, sowie Wissen darüber, wie Angehörigen sinnvoll geholfen werden kann. Daher steht vor einem Einsatz im Hospiz meist eine Ausbildung als Hospizhelfer. Das ist auch im eigenen Interesse, um durch die Aufgaben und Eindrücke nicht überfordert zu werden. Die Hospize selbst, aber auch die Landeshospizverbände bzw. -arbeitsgemeinschaften bieten Kurse auf unterschiedlichem Niveau an. *www.hospiz.net*

Hospiz Akademie Bamberg

Unter dem Titel „Sterben, ein Prozess des Lebens" wird in drei Grundkursen über alles Wissenswerte rund um das Thema eingeführt.

Dort heißt es unter anderem: „Sterben ist Schwerstarbeit für Körper, Seele und Geist. Dazu ist genauso Hilfe nötig wie bei der Geburt. Wer sich auf die Begleitung von Schwerkranken und Sterbenden und auf die Betreuung Trauernder einlässt, wird sehr bald erkennen, dass dies immer auch Arbeit an sich selbst bedeutet. Er wird dabei an Grenzen stoßen, die eingestanden, ausgehalten und bewältigt werden müssen.

Jeder von uns sollte sich die Frage stellen, wie er Abschied, Sterben und Trauer sieht und ob er bereit ist, Verlusterlebnisse nachzufühlen und mitzuempfinden. Er muss aber auch lernen, mit seiner eigenen Ohnmacht und Hilflosigkeit zu leben.

Dieses Seminar will zum Nachdenken über die eigene Endlichkeit anregen, die Sensibilität gegenüber Schwerkranken und Sterbenden fördern, Ängste abbauen, helfen und Mut machen, sich auf Sterbende einzulassen."

Inhalte der drei Kurse sind:

Grundkurs 1:
- Grundlagen der Hospizidee
- Persönlicher Erfahrungshintergrund
- Sterben und Tod in der Gesellschaft
- Auseinandersetzungen mit der eigenen Endlichkeit
- Was heißt Begleiten?
- Wünsche und Bedürfnisse Schwerkranker und Sterbender
- Kontakt und Kommunikation
- Sprache der Sterbenden

Grundkurs 2:
- Begleitung Angehöriger
- Umgang mit Trauer und Trauerrituale
- Helferpersönlichkeit – Selbstpflege
- Selbst- und Fremdwahrnehmung
- Beachtung eigener und fremder Grenzen
- Familienstrukturen
- Schmerztherapie

Aufbaukurs:
- Palliativmedizin
- Palliativpflege
- Hauptamt und Ehrenamt
- Selbstbestimmtes Sterben – Sterbebegleitung statt Sterbehilfe
- Glaubensbilder – Glaubensfragen
- Leben nach dem Tod?
- Rechts- und Versicherungsfragen
- Bestattungsfragen

Menschen haben ganz unterschiedliche Beweggründe, einen Teil ihrer Freizeit Schwerstkranken und ihren Angehörigen zu widmen. Einige davon wollen wir an dieser Stelle vorstellen.

Gabriele Kuhnert:
Nie im Leben wäre ich auf die Idee gekommen, mich im Hospiz zu engagieren, wenn mich nicht eines Tages persönliche Umstände auf die Station gebracht hätten. Ein Kollege von mir verbrachte dort seine drei letzten Lebenswochen, und als ich ihn besuchte, fand ich ihn wunderbar aufgehoben und war so beeindruckt von allem Gesehenen und Gehörten, dass mich der Gedanke, in dieser Einrichtung mitarbeiten zu wollen, nicht mehr losließ. Es dauerte aber noch viele Monate, bis ich den Mut aufbrachte, mich für den Vorbereitungskurs zur freiwilligen Begleiterin anzumelden und somit den Schritt auf mir unbekanntes Terrain zu wagen. Diesen Schritt habe ich nie bereut. Die Begleitung Sterbender ist nicht immer leicht, aber rückblickend überwiegen die vielen kleinen anrührenden und schönen Augenblicke, die ich im Umgang mit sterbenden Menschen erfahren durfte und die mir das befriedigende Gefühl geben, mit meiner Arbeit etwas Sinnvolles zu tun.

Richard Löwe:
Bei der Begleitung eines Menschen an seiner Lebensgrenze lerne ich, zuzuhören, mich an ihn heranzutasten, zu spüren, ob zwischen ihm und mir etwas zu schwingen beginnt und dadurch Vertrauen wachsen kann. Manchmal erkenne ich im Gesicht des anderen mein eigenes, und das konfrontiert mich mit meinen Gefühlen, meinen Schattenseiten und meinen eigenen Grenzen. Dann gilt

es, zu lernen, Grenzen zu überschreiten, aber auch Grenzen anzunehmen oder Grenzen zu setzen.

Ingrid Karle:
Meine Erkrankung vor zehn Jahren an Brustkrebs hat in mir die Auseinandersetzung mit meiner eigenen Endlichkeit, mit Sterben und Tod unumgänglich gemacht. Auf der Suche nach einem für mich gültigen Menschenbild und dem Sinn meines Lebens ist mir klar geworden, dass das Sterben und das Abschiednehmen Teile des Lebens sind. Der Tod eines nahen Freundes in jener Zeit und die vielen unbeantworteten Fragen, die in mir auftauchten, sensibilisierten mich für die Hospiz-Arbeit. Nach einem Konzert zum Totensonntag war mir klar: Da will ich dazugehören! Immer wieder erfahre ich aufs Neue, wie ich in den Gesprächen mit Sterbenden und Trauernden innerlich zur Ruhe komme und ganz bei mir selbst ankomme. Dann ist es ein besonderes Geschenk für mich, wenn sich auch mein Gegenüber öffnet und ich diesem Menschen in seinem Herzen begegnen darf. Mein Wunsch ist es, abschiedlich leben zu lernen, und dabei hilft mir die Gemeinschaft im Hospiz. Mehr Freude und Dankbarkeit für jeden Tag meines Lebens und die Zeit mit meinen Nächsten sind der Lohn.

Elisabeth Seßler:
Seit meiner Jugend war ich auf der Suche nach dem Sinn des Lebens, verbunden mit der Angst zu sterben, ohne eine Antwort darauf gefunden zu haben. Die einjährige Begleitung meiner schwerkranken Mutter brachte mich oft an den Rand der Erschöpfung, gleichzeitig erfüllte mich eine tiefe Befriedigung. Der Tod hatte seinen großen

Schrecken verloren, und ich spürte, dass ich bereit war, meinen lang gehegten Wunsch, in die Hospizarbeit zu gehen, zu verwirklichen. Durch die Hospizarbeit ist mein Leben nicht leichter geworden, im Gegenteil, ich lebe viel (selbst-)bewusster, ehrlicher mir und meinen Mitmenschen gegenüber, gehe auf Konfrontation statt Resignation, achte auf meine Gefühle und Bedürfnisse, Wertigkeiten in meinem Leben verändern sich – ich verändere mich! Ich bin mir jedoch sicher, die Hospizarbeit begleitet meinen Lebensweg sinnvoll!

Weitere Informationen über Hospizarbeit sind unter anderem hier zu finden:

www.hospiz-aktuell.de
www.hospiz.net
www.hospiz-akademie.de

Im Ausland arbeiten?

Wer während seiner Auszeit im Ausland arbeiten will (oder muss), kann sich in Deutschland an die Zentralstelle für Arbeitsvermittlung der Bundesagentur für Arbeit (ZAV) wenden. Als Bürger eines EU-Landes genießen Sie in jedem anderen Mitgliedsland Freizügigkeit. Sie benötigen keine Arbeitserlaubnis und werden rechtlich den Arbeitnehmern Ihres Gastlandes gleichgestellt. Berater des europaweiten Netzes von Arbeitsvermittlungen (EURES, *www.europa.eu.int/eures*) finden Sie in vielen Arbeitsagenturen und direkt bei der ZAV in Bonn (Adresse am Buchende). Auch über die Europa- und Auslands-Hotline der Bundesagentur für Arbeit erhalten Sie Informationen unter Telefon 0180 5222023 (12 Cent/Minute). Außerhalb Europas benötigen Sie eine Arbeitserlaubnis.

Die Zentralstelle für Arbeitsvermittlung und die 16 Europaservice-Zentralen der Agentur für Arbeit veranstalten regelmäßig internationale Jobmessen, zu denen private Arbeitsvermittler, Zeitarbeitsfirmen und ausländische Arbeitgeber anreisen. Die Termine sind bei der Arbeitsagentur zu erfragen.

Bei privaten Vermittlern ist äußerste Vorsicht geboten, da sich auch einige schwarze Schafe auf dem Markt tummeln. So sollten Sie hellhörig werden, wenn auf die Formalitäten bei Arbeit im nicht-europäischen Ausland nicht eingegangen wird. Grund: Dann handelt es sich möglicherweise um illegale Beschäftigung.

Örtliche Arbeitsagenturen haben häufig eine Liste mit unseriösen Anbietern vorliegen. Viele Informationen über Arbeits- und Lebensbedingungen im Ausland erhalten Sie auch bei der Informationsstelle für Auslandstätige und Auswanderer des Bundesverwaltungsamtes (Adressen → S. 135).

Besonders viele Jobs werden im Bereich Animation geboten. Wenn Sie die Stellenanzeigen verfolgen, finden Sie in der Vorsaison garantiert Angebote der großen Reiseveranstalter und Hotelketten. Je nachdem, wo Ihre Stärken liegen, können Sie in der Kinder-, Sport-, Musik-, Tanz- oder künstlerisch-kreativen Animation Arbeit finden. Stellen Sie sich diesen Job aber nicht als Zuckerschlecken vor. Lange Arbeitstage, ständige Verfügbarkeit, immer Menschen um sich herum, immer gut gelaunt sein müssen – das kann ganz schön anstrengend sein. Außerdem sind Animateure meist ziemlich jung, schon von daher eignet sich die Arbeit nicht für alle Aussteiger. Allerdings verreisen zunehmend Senioren und stellen ganz andere Anforderungen an Animation als junge Leute oder Familien. Hier sind auch die Älteren als Rundum-Betreuer gefragt.

Sportfreaks können sich auch für eine Saison als Tennis-, Surf-, Tauch- oder Skilehrer, Landeskundige als Reiseleiter oder Fremdenführer verdingen. Oder wie wäre es mit Weinlese in der Toskana? Zu fein darf man sich allerdings nicht sein, auch mal einfache Arbeiten auszuführen. Schließlich ist es nur für eine bestimmte Zeit und Sie wollen ja etwas Neues kennenlernen.

5 | Partner und Familie in Ihr Sabbatical einbeziehen

Wer mit Partner und Kindern zusammenlebt, sollte frühzeitig damit beginnen, mit ihnen ausführlich über seine Beweggründe, Wünsche, Hoffnungen und Ängste bezüglich des Sabbaticals zu sprechen. Nichts ist schlimmer als das Gefühl, von den Plänen des Partners ausgeschlossen zu sein oder kurzfristig davon überrascht zu werden. Wenn beide Partner gemeinsam ein Sabbatical planen und sich auch darüber einigen können, wohin die Reise gehen soll, erübrigt sich die Frage, wann der richtige Zeitpunkt für ein erstes klärendes Gespräch ist. Auch dann, wenn Sie Ihr Sabbatical zu Hause verbringen wollen, um längst fällige Arbeiten zu erledigen, um mehr Zeit für Kinder und Partner zu haben oder um etwa ein Jahr als Gasthörer zu studieren, braucht es wahrscheinlich keiner so einfühlsamen Vorbereitung der Familie wie bei einem geplanten längeren Auslandsaufenthalt allein.

Erklären Sie Ihre Gründe

Um Unverständnis und Frustration in Familie und Partnerschaft vorzubeugen, sollten Sie sich Ihrer Beweggründe möglichst sicher sein. Ein lapidares „Ich muss einfach mal raus“ wird Ihren Partner sicher nicht zufriedenstellen. Zu Recht könnte er vermuten, dass er selbst ein Grund dafür ist, dass Sie unbedingt ausbrechen wollen. Meist ist es aber ein ganzes Bündel von Wünschen, Träumen, Hoffnungen, die dazu führen, diesen Schritt tun zu wollen. Probleme in der Partnerschaft können ein Grund sein, manchmal auch der Hauptgrund. Wenn das der Fall ist, sollte es auch offen angesprochen werden, ohne allerdings in Schuldzuweisungen zu verfallen. Sicher wird Ihr Partner nicht gleich verstehen, dass eine „Trennung auf Zeit“ heilsam für die Beziehung sein kann. Vielleicht ist er verletzt, fühlt sich zurückgesetzt, findet Sie egoistisch, weil Sie sich eine Auszeit nehmen, er aber daheim bleiben muss. Es gibt so viele Möglichkeiten von Reaktionen, wie es Menschen gibt. Dann ist es gut, wenn Sie ihm plausibel machen können, dass Ihr Plan kein Hirngespinst ist, sondern sich in Ihrem tiefsten Inneren entwickelt hat. Erklären Sie, was Sie vorhaben, was Sie sich erhoffen, warum Sie so und nicht anders handeln können. Und dass sich der Plan nicht gegen den Partner richtet, sondern etwas ist, was Sie ganz allein für sich selbst tun möchten.

Versuchen Sie, die Familie in Ihre konkreten Vorbereitungen einzubeziehen und sie an Ihrer Vorfreude teilhaben zu lassen. Fragen Sie um Rat, um Vorschläge, diskutieren Sie darüber, besprechen Sie alles ausführlich. Auf diese Weise gelingt es Ihnen vielleicht, dass sich die ganze Familie mit Ihrem Sabbatical identifiziert.

Allein oder zu zweit oder zu ...?

Ob allein oder als Paar oder gar als Familie – wie Sie Ihren Ausstieg erleben wollen, hängt von den konkreten Umständen ab. Wer ein Haus bauen will, kann die Hilfe des Partners sicher gut gebrauchen. Wenn Sie sich in sich selbst vertiefen und ein Buch schreiben wollen, stört Gesellschaft dagegen eher. Auf Reisen gibt es auch Für und Wider: Wer zu zweit reist, wird die viele freie Zeit mit dem Partner sicher sehr genießen, wenn beide in etwa die gleichen Vorstellungen vom Sabbatical haben. Die Partnerschaft kann sich festigen, verändern, reicher werden – sie kann aber auch an zu viel Nähe zerbrechen. Außerdem bekommt man als Alleinreisender viel schneller Kontakt zu fremden Menschen, wenn man zum Beispiel jemanden zum Reden braucht. Sie können ganz allein entscheiden, was Sie als Nächstes tun oder lassen wollen, und sind hin und wieder ganz auf sich allein gestellt – eine Erfahrung, die Ihnen niemand mehr nehmen kann. Natürlich stehen Sie bei der Rückkehr in die Familie mit Ihren vielen Eindrücken und Erlebnissen ziemlich allein da, weil das Leben zu Hause wahrscheinlich so wie bisher weitergegangen ist, Sie sich aber unter Umständen sehr verändert haben. Auch das kann negative Auswirkungen auf die Beziehung haben.

Mit Kindern reisen

Solange Kinder klein sind und nicht zur Schule gehen, können Sie sie problemlos mit auf Reisen nehmen. Kindergeld bekommen Sie für die Kinder auch im Ausland. Natürlich muss eine Reise mit Kindern anders organisiert werden als solo. Kinder brauchen einen halbwegs geregelten Tagesablauf, und bestimmte Unternehmungen und Strapazen, die Sie selbst gern auf sich nehmen würden, fallen mit Kindern flach. Wer mit Schulkindern für längere Zeit ins Ausland reist, steht vor dem Problem, wo sie in der Zeit zur Schule gehen sollen. Eine praktische Möglichkeit sind Fernschulen. Informationen gibt es für Vorschüler und Kinder in der Grundschule (1. bis 4. Klasse) bei der „Deutschen Fernschule“ in Wetzlar und für alle Älteren im „Institut für Lernsysteme“ in Hamburg. Außerdem können Sie sich bei der Zentralstelle für das Auslandsschulwesen über deutsche Schulen im Ausland informieren sowie alle weiteren Fragen klären. Die Zentralstelle betreut und unterstützt in enger Abstimmung mit dem Auswärtigen Amt und den Bundesländern weltweit 117 Schulen im Ausland sowie weitere 370 von Deutschland geförderte schulische Einrichtungen sowie deutsche Abteilungen an staatlichen Schulen. In der Regel wird dort kein oder kaum Schulgeld fällig. Wenn doch, gibt es immer die Möglichkeit, dass das Kind ein Stipendium bekommt. Schulische Leistungen und sogar das Abitur an deutschen Auslandsschulen werden zu Hause anerkannt.

www.auslandsschulwesen.de

Lektüre: Gesa Krämer, Kirsten Nazarkiewicz: Arbeiten im Ausland – und die Familie geht mit. W. Bertelsmann Verlag Bielefeld 2008.

6 | Wie Arbeitgeber zum Sabbatical stehen

Für Menschen, die unerfüllte Wünsche mit sich herumtragen oder einfach ausgebrannt sind und nach neuer Motivation suchen, kann das Sabbatical ein effektiver Weg sein aufzutanken: Die relativ lange Zeit von drei bis zwölf Monaten, die eine Sabbatzeit im Allgemeinen umfasst, bringt die nötige Distanz und Gelassenheit, um wirklich – anders als in drei Wochen Urlaub – auszuspannen.

Was Arbeitnehmer mit dem Sabbatical verbinden

- 19 Prozent wünschen sich eine Auszeit von bis zu drei Monaten
- 36 Prozent von bis zu sechs Monaten
- 39 Prozent von bis zu zwölf Monaten Dauer
- 35 Prozent wollen eine Reise oder einen langen Urlaub machen
- 64 Prozent wollen sich beruflich weiterbilden, ein Buch schreiben oder ein Haus bauen.

Quelle: BMWI-Umfrage aus dem Jahr 2001

Verschiedene Umfragen haben belegt: Ein hoher Prozentsatz der Deutschen würde dem Arbeitsalltag gern für eine gewisse Zeit den Rücken kehren. Nur ganz wenige wagen es wirklich, vor allem, weil sie berufliche Nachteile befürchten.

Mit diesen Vorbehalten müssen Sie rechnen

Und es stimmt: Arbeitgeber sind häufig nicht davon überzeugt, dass die Sache wirklich funktioniert. Nach der erwähnten Studie glaubt nur jeder fünfte Personalverantwortliche, dass die Mitarbeiter anschließend motivierter ans Werk gehen, und 56 Prozent gehen davon aus, dass Rückkehrer Integrationsprobleme beim Wiedereinstieg bekommen. Nur sechs Prozent der Unternehmen bereiten ihre Mitarbeiter auf Aus- und Einstieg vor. In der bereits erwähnten Studie aus dem Jahr 2004, die die Bremer Sozialwissenschaftlerin Barbara Siemers im Rahmen ihrer Dissertation durchführte, stellte die Autorin fest, dass Aussteiger auf Zeit auf massive Widerstände im Unternehmen stoßen. Wie Barbara Siemers zeigt, ist die Inanspruchnahme von Sabbaticals trotz hoher Freiheitsgrade für die einzelnen Personen oft sehr „voraussetzungsvoll". Nicht selten müssen sie ihren Sabbatical-Wunsch im Unternehmen gegen Widerstände von Vorgesetzten und Kollegen durchsetzen, haben sie erhebliche finanzielle Einbußen hinzunehmen, und auch im privaten Umfeld müssen häufig Vorurteile überwunden oder Koordinationsprobleme gemeistert werden.

Zu den häufigsten Vorurteilen, denen Sie im Unternehmen begegnen können, zählt, dass längere Auszeiten den Betriebsablauf stören. Da sie aber in den meisten Fällen über einen langen Zeitraum vorbereitet und eingeplant werden, ist dieses Argument nicht stichhaltig. Natürlich kann man nicht mitten in einem Projekt oder wichtigen Auftrag verschwinden, sondern muss sich nach den betrieblichen Anforderungen richten. Richtig eingetaktet und vorbereitet – das zeigen nachfolgende Beispiele – ergeben sich für das Unternehmen kaum Nachteile. Dazu kommt, dass Unternehmen seit einiger Zeit bezahlte Freistellungen auch dazu nutzen, unternehmerische Flauten zu überbrücken, indem Mitarbeiter – statt entlassen zu werden – solche Zeiten nutzen, um ein Sabbatical zu absolvieren. Mitarbeiter, die sich an einer solchen konjunkturell bedingten Auszeit beteiligen wollen, kommen eine Zeit lang nicht zur Arbeit und erhalten dafür dennoch einen Teil – meist zwischen 20 und 50 Prozent – ihres Gehalts weitergezahlt. Im Unterschied zum „normalen" Sabbatical beteiligt sich das Unternehmen hier also finanziell. Nach dieser vertraglich festgeschriebenen Phase können die Mitarbeiter meist an ihren alten Arbeitsplatz, zumindest aber in die alte Abteilung zurückkehren.

Anders als auf den ersten Blick ersichtlich, profitiert auch das Unternehmen von solchen Lösungen: In Flauten können Kosten eingespart werden, ohne den Mitarbeiter entlassen zu müssen; in Zeiten der Konjunktur kann problemlos auf gut ausgebildete, erfahrene Mitarbeiter zurückgegriffen werden. Teure und aufwendige Neueinstellungen werden so vermieden.

Ein weiteres Argument gegen Sabbaticals bezieht sich auf die finanziellen Nachteile, die man als Mitarbeiter dabei ohne Zweifel hat. „Unsere Mitarbeiter können sich das nicht leisten", heißt es dann aus Kreisen von Unternehmensführung und Personalabteilung. Diese Behauptung setzt aber voraus, dass eine ganze Belegschaft gegen Sabbaticals eingestellt ist. Das ist natürlich nie gegeben. Da Sabbaticals ohnehin freiwillig sind, sollte man es den Mitarbeitern überlassen, wie sie sich entscheiden. Der Gewinn von Freizeit ist für die meisten Menschen, die sich für eine Auszeit entschieden haben, deutlich wichtiger als der finanzielle Verlust.

Diese Unternehmen sind Vorreiter

Vor allem in großen, international agierenden Unternehmen haben Mitarbeiter gute Chancen, mit ihrem Wunsch nach einem Sabbatical auf offene Ohren zu stoßen. Gerade Firmen mit Wurzeln in den Vereinigten Staaten wie das Beratungsunternehmen McKinsey (siehe Bericht von Martin Kern → S. 83 ff.) unterstützen Auszeiten ihrer Mitarbeiter aktiv oder ermöglichen diese zumindest problemlos. Fein raus sind auch Beamte in puncto Sabbatjahr: Sie haben einen Rechtsanspruch auf selbst finanzierte Freistellung. Bereits seit 1998 gestattet dieses Teilzeitmodell Beamtinnen und Beamten auf Antrag, für die Dauer von drei bis sieben Jahren die Arbeitszeit auf zwei Drittel bis sechs Siebtel ihrer Arbeitszeit mit dem Ziel zu ermäßigen, nach zwei bis sechs Jahren Vollbeschäftigung anschließend bis zu einem Jahr vom Dienst freigestellt zu werden.

Aber auch andere Unternehmensmodelle zeigen, dass Sabbaticals möglich, planbar und von beiderseitigem Vorteil sind. Dabei gibt es keine einheitliche Lösung. Jedes Unternehmen geht anders an das Problem heran.

Einige Beispiele sollen dies im Folgenden illustrieren:

BMW:

Der Autohersteller gehört zu den Pionieren auf dem Gebiet. Seit 1994 haben rund 7.800 Menschen das Angebot genutzt. Jeder Mitarbeiter kann mit seinem Chef eine persönliche Einsatzpause zwischen einem und sechs Monaten vereinbaren. Für jeden Monat Freizeit wird das Einkommen um ein Zwölftel reduziert und während des Sabbaticals weitergezahlt. Darüber hinaus werden Urlaubsgeld, Weihnachtsgeld, Erfolgsbeteiligungen und andere Jahressonderzahlungen zur Finanzierung genutzt. Durchschnittlich werden drei Monate Freizeit gewählt. Mitarbeiter und Chef organisieren vorher eine Vertretung bzw. Arbeitsteilung.

Hewlett Packard:
Mosaikförmig setzt sich das Modell aus verschiedenen Bausteinen zusammen. Mehrarbeit kann auf Kurzzeitkonten gesammelt und, sobald ein ganzer Tag zusammengekommen ist, auf ein Langzeitkonto übertragen werden. Hier kann die Vorarbeitszeit allmählich auf Monate und Jahre anwachsen. Auch nicht in Anspruch genommener Urlaub fließt aufs Langzeitkonto. Wie die freie Zeit genommen wird, bleibt dem Mitarbeiter überlassen. Einzige Regel: Rechtzeitige Absprachen mit Kollegen und Vorgesetzten, um Kapazitätsengpässe zu vermeiden. In diesem Rahmen sind auch Sabbaticals ausdrücklich vorgesehen. Wer schneller zum Freizeitblock kommen möchte, kann auch gezielt Zeit sparen, und zwar auf Teilzeitbasis. Beispiel ist die Formel 100 = 80 + 20. Das bedeutet: Der Mitarbeiter arbeitet freiwillig 40 Stunden (100 Prozent), obwohl seine vertragliche Arbeitszeit nur 32 Stunden (80 Prozent) beträgt. Die Differenz von 8 Stunden (20 Prozent) wird auf seinem Zeitkonto gutgeschrieben. Einmal pro Jahr kann der Mitarbeiter seine vertragliche Wochenarbeitszeit neu festlegen und damit das Tempo des Ansparens verlangsamen oder erhöhen.

Procter&Gamble:
Das Unternehmen gewährt jedem Mitarbeiter, der mindestens fünf Jahre ununterbrochen im Unternehmen beschäftigt ist, einen unbezahlten Sonderurlaub von bis zu drei Monaten. Danach beträgt die Wartezeit sieben Jahre bis zur nächsten Auszeit. Dieser Sonderurlaub sollte möglichst zwischen einem Stellenwechsel genommen und mindestens sechs Monate vorher beim Vorgesetzten beantragt werden. Auch der Zeitpunkt sollte auf die betrieblichen Erfordernisse abgestimmt werden.

Siemens:
Jeder Mitarbeiter ab einem halben Jahr Betriebszugehörigkeit kann bei Siemens bis zu zwölf Monate Freizeit genießen. Dazu wird ein Teilzeitmodell gewählt: Über einen vorher festgelegten Zeitraum hinweg wird ein konstantes Teilzeitgehalt gezahlt, wobei der Mitarbeiter in der ersten Phase Vollzeit arbeitet, in der zweiten freinimmt. Beides muss so kombiniert werden, dass 70 Prozent des bisherigen Bruttogehaltes nicht unterschritten werden, da sonst während des Freizeitblocks kein sozialversicherungsrechtliches Beschäftigungsverhältnis mehr besteht. Beispiel:

Laufzeit des Vertrages 24 Monate, davon 2 Monate Freizeit. Während der gesamten Laufzeit werden 91,7 Prozent des Gehalts gezahlt. Bei 12 Monaten Laufzeit und2 Monaten Freizeit sinkt das Gehalt auf 83,3 Prozent. Maximal kann eine Laufzeit von 48 Monaten mit bis zu 12 Monaten Freizeit vereinbart werden. Wann frei genommen wird, bleibt dem Mitarbeiter überlassen: Er kann sein Sabbatical gleich am Anfang nehmen oder auf mehrere Freizeitblöcke verteilen.

SAP:

Bei SAP haben im Jahr 2006 250 Mitarbeiter mithilfe eines Arbeitszeitkontos im Durchschnitt 2,4 Monate freigemacht. Knapp 2.000 Mitarbeiter beteiligen sich an dem Programm „Arbeitszeitkonto SAP in Deutschland" – das sind 14 Prozent der Mitarbeiter. Hier wird Mehrarbeit angesammelt. Mitarbeiter müssen, um Arbeitszeit wieder entnehmen und freimachen zu können, mindestens 35 Jahre alt und seit mindestens fünf Jahren im Unternehmen beschäftigt sein. Ausnahme: Für Weiterbildungen darf man auch jünger sein.

ZDF:

Beim Zweiten Deutschen Fernsehen besteht schon seit 1988 die Möglichkeit, unbezahlten Sonderurlaub für Kindererziehung, Pflege von Angehörigen, Forschungsaufgaben oder die Begleitung des Ehegatten ins Ausland zu nehmen. In der Zeit ruht das Arbeitsverhältnis, es wird auch keine an-rechnungsfähige Dienstzeit erworben. Seit 2000 gibt es einen neuen Arbeitszeittarifvertrag, u. a. mit der Möglichkeit, über Langzeitarbeitskonten Mehrarbeit anzusammeln. Insgesamt können bis zu drei Jahre angespart werden, von denen zwei für den Übergang in den Ruhestand und ein Jahr als bezahlte Freistellung genommen werden kann. Wer länger als einen Monat zusätzlich zum Urlaub freinehmen will, muss dies am Jahresanfang im Rahmen der Urlaubsplanung anmelden. Sprechen keine betrieblichen Gründe dagegen, wird die Freistellung auch gewährt. Nach seiner Rückkehr hat der Mitarbeiter Anspruch auf seinen alten Posten. Ein ganzes Jahr wird selten in Anspruch genommen, üblich sind Zeiträume von einem Monat bis zu einem halben Jahr.

Martin Kern, Projektleiter bei McKinsey, 34 Jahre alt, hat ein halbes Jahr pausiert, um sich zwei Lebensträume zu erfüllen:

Seit gut drei Jahren bin ich Berater bei McKinsey. Ich habe schon lange davon geträumt, eine Weltreise zu machen. Bei McKinsey ist das relativ leicht möglich. Da wir in Projekten arbeiten, ist es nach Abschluss eines solchen unproblematisch, für zwei Monate unbezahlten Urlaub zu nehmen. Auch nach Beförderungen ist es durchaus üblich, sich eine solche Auszeit zu gönnen. Als US-amerikanisches Unternehmen gehört es bei McKinsey zur Unternehmenskultur, weltweit die Möglichkeit zu haben, alle zwei Jahre eine zweimonatige Auszeit – sogenannte *Leaves* – zu nehmen.

Ich wollte aber mehr als zwei Monate weg, weil ich zwei Dinge mit meinem *Leave* beabsichtigte: Ich wollte mit meinem Landrover Defender an einer Begleit-Raid der Rallye Paris–Dakar teilnehmen und mich anschließend auf Weltreise begeben. Der Grund? Einfach ein Lebenstraum, den ich mir erfüllen wollte. Das Fernweh ist mir wahrscheinlich angeboren. Ich bin auch beruflich viel auf Reisen, übernehme gern Projekte im Ausland, die mich dann für drei bis sechs Monate meist zu den ausländischen Töchtern deutscher Automobilfirmen führen. Zurzeit bin ich für vier Monate in Shanghai, vorher war ich beispielsweise für längere Zeit in Detroit. Da lernt man eine Menge Menschen und Orte kennen, kann sich im Land umsehen. Aber so eine Weltreise ohne berufliche Verpflichtungen ist natürlich noch etwas ganz anderes. Bei mir war es die Beförderung zum Projektleiter im September 2006, die mich veranlasste, ganz konkret über mein Vorhaben nachzudenken. Ich hatte Geld angespart und konnte mir von daher sechs Monate unbezahlten Urlaub leisten. Mir war von Anfang an klar, dass ich sowohl die Rallye fahren als auch um die Welt fliegen wollte. Daher brauchte ich mehr als die vorgesehenen zwei Monate Zeit. Aber auch das war unkompliziert. Ich stellte Mitte Oktober, als ich mich endgültig entschieden hatte, einen formlosen Antrag an meinen Mentor – einen Partner aus der Führungsebene des Unternehmens – und legte dort meine Wünsche und Vorhaben kurz dar. Und am 1. Januar 2007 habe ich mich mit meinem Beifahrer und meinem Landrover schon auf den Weg nach Marokko gemacht.

Privat gab es für mich als Single auch nicht so viel zu organisieren. Ich bat meine Eltern, die nur 30 Kilometer von meiner Wohnung in Tübingen entfernt wohnen, ab und zu nach meiner Wohnung zu schauen, und ließ die Post sammeln. Außerdem schloss ich eine Auslandsreise-Krankenversicherung beim ADAC für längere Reisen ab. ADAC-Plus-Mitglied war ich ohnehin, sodass ich hier zusätzlich etwa im Falle eines nötigen Rücktransports aus dem Ausland abgesichert war. Und schließlich war ich medizinisch auch noch über meine Firma abgesichert, die mit dem Assistance-Unternehmen International SOS einen Vertrag hat. Meine private deutsche Krankenversicherung ließ ich weiterlaufen für den Fall, dass ich zwischendurch nach Hause kommen und mich hier verarzten lassen müsste. Für mein Auto hatte ich nach der Rallye eine tolle Lösung gefunden: Ein Autohaus wollte den Rover gern in seinen Ausstellungsräumen präsentieren als Fahrzeug, das wirklich und leibhaftig bei der Rallye Paris–Dakar dabei war und 12.000 Kilometer quer durch Nordwest-Afrika zurückgelegt hat. Mein Freundes- und Bekanntenkreis hat sich größtenteils für mich gefreut, dass ich meinen Traum erfüllen konnte. Und viele waren natürlich ein bisschen neidisch.

Am 1. Januar ging es also von Stuttgart aus los, am 4. Januar kamen wir in Marokko an. Die gesamte Reise war von einem kleinen Reiseveranstalter organisiert worden, übrigens zum ersten Mal, sodass das ganze irgendwie Expeditionscharakter hatte. Ganz unerfahren war ich allerdings nicht, da ich schon vorher an ähnlichen Off-Road-Events wie beispielsweise der Camel Trophy teilgenommen hatte. Unser Tross bestand aus fünf Motorrädern und mir sowie einem guten Freund von mir als Beifahrer, einem Arzt im Mercedes, einem Lkw mit dem ganzen Equipment wie Küche usw. und der Tourleitung. Wir sind zwar zeitlich nicht direkt mit den Teilnehmern der Rallye, sondern kurz davor oder kurz danach gefahren, aber größtenteils die gleiche Strecke. Rund 6.500 Kilometer sind wir nur durch Wüste oder über Steinfelder gefahren. Insgesamt war die Tour sehr anstrengend, auch unkomfortabel. Meist haben wir nachts im Zelt kampiert und mussten mit sehr einfachen sanitären Bedingungen auskommen. Aber das hat mich nicht gestört. Ich reise auch privat meist einfach. In Dakar sind wir noch zwei Tage geblieben, bevor wir uns mit dem Auto wieder auf die Rückreise nach Tübingen gemacht haben. Nach fünf Wochen sind wir am 2. Februar dort wieder angekommen.

Nach diesem Abenteuer schickte ich meinen Stuttgarter Kollegen per Mail einen Reisebericht von der Rallye und meine Fotos, da sie sich schon vorher sehr dafür interessiert hatten. Da McKinsey regional organisiert ist und in meinem Stuttgarter Office nur rund 60 Berater arbeiten, kenne ich jeden und habe zu den meisten einen ausgesprochen guten Kontakt. Ansonsten war ich während der Weltreise ausschließlich Privatmann und habe mich nicht bei der Firma gemeldet. Ich hatte zwar einen Laptop mit, aber in erster Linie, um meine Fotos zu bearbeiten, um private Mails zu verschicken und um zu telefonieren.

Am 14. Februar bin ich zu meiner Weltreise aufgebrochen, zunächst allein. Ich hatte nichts außer einem großen Trekking-Rucksack und meinem Handgepäck bei mir. Vorher hatte ich mir ein „Round-the-world-Ticket" der Lufthansa gekauft und musste dafür im Groben meine geplante Route angeben. Es stand also im Prinzip fest, welche Länder ich besuchen wollte. Allerdings habe ich zwischendurch auch Inlandsflüge gemacht oder mich spontan entschieden, etwa die Philippinen zusätzlich in mein Programm aufzunehmen. Hotels hatte ich bis auf eins in Mexiko-Stadt, was meine erste Station war, nicht vorher gebucht. Oft habe ich ganz einfach in Herbergen übernachtet, teilweise in Zehn-Bett-Zimmern. Nach zehn Tagen in Mexiko ging es weiter nach Samoa, Neuseeland, Australien, Japan, China, Singapur, Philippinen und Vietnam. In China habe ich mich mit einem Freund getroffen.

Mein Bruder hat sich übrigens von meinem *Leave* inspirieren lassen und hat ebenfalls zwei Monate Auszeit genommen, sodass wir uns in der Ferne treffen konnten. Mit ihm bin ich gemeinsam durch Neuseeland und Australien gereist. Auch ein Studienfreund hat sich anstecken lassen und zur gleichen Zeit wie ich sechs Monate Urlaub gemacht. Diese Treffen, aber auch die vielen neuen Menschen, die ich auf meiner Reise kennengelernt habe, die unendlich vielen Eindrücke, der Zuwachs an Wissen und Erfahrung – die Reise war für mich ein voller Erfolg.

Vor der Rückkehr in den Alltag und die Routine hatte ich allerdings ein wenig Angst – allerdings völlig unbegründet. In den paar Tagen, die ich nach meiner Rückkehr am

18. Juni und meinem Wiedereinstieg in den Job am 2. Juli hatte, war ich viel zu beschäftigt, um melancholisch zu werden. Ich besuchte meine Freunde, meine Eltern. Außerdem freute ich mich auf die Arbeit, denn schon nach vier, fünf Monaten auf Reisen hatte ich das Gefühl, gern wieder arbeiten gehen zu wollen. Ich konnte nach der Reise auch sofort wieder nahtlos dort weitermachen, wo ich aufgehört hatte. Ich bekam ein Projekt bei einem Automobilhersteller und habe ganz normal weitergearbeitet.

Fazit: Die ganze Sache war wunderbar, und ich bin fest davon überzeugt, dass ich sie nach einer bestimmten Zeit wiederholen werde.

7 | Wie Sie Ihren Arbeitgeber von Ihrer Idee überzeugen

Ob Sie Ihr Ansinnen mit Erfolg in die Tat umsetzen, hängt nicht zuletzt davon ab, wie überzeugt Sie selbst davon sind. Wenn Sie mit Ihrem Chef über Ihr Vorhaben sprechen, dann sollten Sie schon sehr genau wissen, warum eine Sabbatzeit gerade für Sie und gerade jetzt von Nutzen ist. Obwohl es den Chef streng genommen nichts angeht, wie Sie Ihre Auszeit nutzen wollen: Verdeutlichen Sie ihm, wie sich Ihr Vorhaben auf die Zeit nach Ihrer Rückkehr auswirken wird und welchen Nutzen das Unternehmen davon hat.

In Unternehmen, die über kein eigenes Sabbatical-Programm verfügen – und das ist noch die überwiegende Mehrheit –, werden Sie es wahrscheinlich schwerer haben, auf Verständnis zu stoßen. Fühlen Sie sich als Pionier, denn irgendjemand muss schließlich den Anfang machen! Höchstwahrscheinlich werden Ihnen andere nachfolgen.

Eine gute Argumentation für Ihr Sabbatical bezieht immer auch die Sicht des Unternehmens mit ein. Was hat das Unternehmen davon, wenn Sie es für eine Zeit lang verlassen? Das ist die Frage, die Sie beantworten sollten – falls Sie auf Widerstände stoßen. Die Antwort richtet sich natürlich nach Ihrem Vorhaben. Wer seine Sprachkenntnisse vervollkommnen will, hat es in Zeiten der Globalisierung wahrscheinlich leichter als jemand, der gern ein Semester Archäologie studieren will. Dennoch zielen beide Vorhaben darauf ab, Ihren Horizont zu erweitern, neue Erfahrungen zu sammeln, um schließlich mit vielen neuen Anregungen ins Unternehmen zurückzukehren. In Zeiten, in denen lebenslanges Lernen zu den wichtigsten Voraussetzungen für unternehmerischen Erfolg zählt, kann eigentlich kein kluger Unternehmer etwas dagegen haben.

Aber auch die Pflege von Angehörigen kann eine Erfahrung sein, die sich im Job auszahlt. Schließlich ist Pflege eine Extremsituation, in der man Belastbarkeit, Anpassungsfähigkeit, Kompromissbereitschaft und viele weitere sogenannte Soft Skills unter Beweis stellen muss, wie sie im modernen Arbeitsleben gefordert werden.

Oder ein Auslandsaufenthalt: Neben den verbesserten Sprachkenntnissen spricht der enorme Zuwachs an interkultureller Kompetenz dafür. Wer sich etwa in seinem Sabbatical längere Zeit in China aufgehalten hat, empfiehlt sich nach seiner Rückkehr damit unter Umständen für ein dortiges Projekt seines Unternehmens. Auch die Tatsache, dass man sich auf Reisen oft in neuen Situationen zurechtfinden und mit fremden Menschen kommunizieren muss, ist ein eindeutiges Plus im Job.

Das zweite wichtige Argument für eine Auszeit liegt ebenfalls auf der Hand: Sie kehren erholt, ausgeruht und motiviert an Ihren Arbeitsplatz zurück.

Das sehen übrigens auch Unternehmen so, wie das Beispiel BMW (→ S. 90) zeigt.

Marc Grönninger, im Zentralbereich Personal- und Sozialwesen der BMW Group für das Thema Arbeitszeit und damit auch für Sabbaticals zuständig

Der Nutzen für uns als Unternehmen ist vielfältig. Zum einen ist da natürlich die motivatorische Wirkung. Ein Sabbatical kann bei BMW relativ unkompliziert vereinbart werden. Voraussetzung ist lediglich eine mindestens einjährige Betriebszugehörigkeit und eine Integration des Freizeitblocks in die betrieblichen Abläufe. Die zusätzliche Freizeit über durchschnittlich drei Monate – möglich sind ein bis maximal sechs Monate – wird von den Mitarbeitern als Chance gesehen, sich abseits des Berufslebens zu verwirklichen. Das starke Miteinander von Mitarbeiter und Führungskraft in der Planung und Durchführung von Sabbaticals kann sicherlich auch durch die durchweg positive Grundeinstellung des Unternehmens gegenüber den Sabbaticalwünschen erklärt werden. Die Mitarbeiter müssen im Übrigen keine Gründe für ihr Sabbatical angeben. Dennoch wissen wir, dass – je nach Funktion und Standort – in erster Linie folgende Motive eine Rolle spielen: Absolvieren eines Meisterkurses, Sprachreise oder sonstige größere Reise, Hausbau und Pflege von Angehörigen.

Daneben begrüßen wir als Unternehmen natürlich die direkten und indirekten Weiterbildungseffekte, die sich aus einem Sabbatical ergeben. Wer etwas Neues in Angriff nimmt – egal was –, profitiert in jedem Fall davon, bekommt Anregungen und neue Ideen, die sich auch auf die Arbeit positiv auswirken. Schließlich bewirkt eine längere Abwesenheit, dass Mitarbeiter sich richtig erholen und in Ruhe ausspannen können. Auch daran haben wir als Unternehmen natürlich Interesse. Nicht zu unterschätzen ist der Aspekt der Personalentwicklung für den betroffenen

Mitarbeiter selbst und seine Kollegen. Ein weiterer Vorteil der Teilzeit – denn das Sabbatical ist eine Sonderform der Teilzeit – für das Unternehmen ist die Möglichkeit zur Beeinflussung des Personalaufwandes. Wenn rein theoretisch Beschäftigungsrisiken entstehen sollten, können Sabbaticals die Beschäftigung sichern, indem Mitarbeitern angeboten wird, eine Auszeit zur Überbrückung zu nehmen. Dieses Motiv war und ist bei BMW jedoch nicht aktuell, was entscheidend für eine positive Belegung des Begriffs Sabbatical ist.

Seit es Sabbaticals bei BMW gibt – 1994 wurde diese Möglichkeit eingeführt –, sind knapp 8.000 Mitarbeiter diesen Weg gegangen. Das geht quer durch alle Bereiche, betrifft Frauen und Männer ebenso wie junge und ältere Mitarbeiter. Allerdings haben wir die Erfahrung gemacht, dass sich Mitarbeiter aus dem Produktionsbereich überproportional an Sabbaticals beteiligen. Das hängt auch damit zusammen, dass die Mehrzahl der Produktionsmitarbeiter in ländlichen Gebieten wohnt, wo die finanziellen Einbußen – pro Monat Sabbatical wird das Jahreseinkommen um ein Zwölftel reduziert – offenbar weniger gravierend angesehen werden als bei Mitarbeitern in der Zentrale, die überwiegend in der zwar schönsten, aber auch teuersten Stadt Deutschlands, in München, leben. Dazu kommt, dass sich Angestellte häufiger unabkömmlich fühlen und – aufgrund der Aufgabe – in der Tat auch schwerer zu ersetzen sind als gewerbliche Mitarbeiter. Allerdings sollte dieses Argument niemanden davon abhalten, eine Auszeit zu nehmen: Letztendlich geht es bei diesen Fällen nur darum, noch bedachter den *richtigen* Zeitpunkt für ein Sabbatical zu wählen. Mit *richtig* meine ich vor allem nach Abschluss eines Projektes oder vor einem Funktionswechsel.

Dass ein Sabbatical möglichst frühzeitig angekündigt werden sollte und in die betrieblichen Abläufe passen muss, versteht sich für unsere Mitarbeiter von selbst. Das gegenseitige Verantwortungsbewusstsein zwischen BMW und seinen Mitarbeitern ist ausgesprochen stark ausgeprägt, sodass der Wunsch nach einem Sabbatical nur in Ausnahmefällen – etwa mitten in einem laufenden Projekt – abgelehnt bzw. auf einen späteren Zeitpunkt verschoben werden muss. Ansprechpartner ist der Vorgesetzte, mit dem – unterstützt von der Personalabteilung – alle Details besprochen werden. Im Ergebnis wird ein Zusatzvertrag geschlossen, der vor allem den Zeitraum der Teilzeitvereinbarung, den Zeitpunkt des Sabbaticals sowie die Finanzierung und Rückkehrmodalitäten beinhaltet. Wenn möglich kehren Mitarbeiter auf ihren alten, mindestens aber auf einen adäquaten Arbeitsplatz zurück.

Die Finanzierung des Sabbaticals ist einfach geregelt. Für jeden Monat Freizeit gibt es ein Zwölftel weniger Jahresgehalt. Da die BMW Group ihren Mitarbeitern großzügige erfolgsorientierte Sonderzahlungen gewährt, wird die Auszeit in der Regel durch deren Kürzung finanziert. Mitarbeiter mit mehreren Jahren Betriebszugehörigkeit erhalten aktuell pro Jahr ca. 15,5 Monatsgehälter. Durch die Finanzierung des Sabbaticals aus den Sonderzahlungen bleibt das regelmäßige Monatseinkommen auch in der Freizeitphase erhalten.

Wenn ein Mitarbeiter das Unternehmen z. B. wegen eines Sabbaticals, aber auch aus anderen Gründen (z. B. Elternzeit) zeitlich befristet „verlässt“, wünschen wir uns natürlich, dass der Kontakt aufrechterhalten wird. Das liegt auch im Interesse des Mitarbeiters, der dadurch nach seiner Rückkehr nahtlos und ohne Probleme wieder einsteigen kann. Und durch das ausgeprägte Wir-Gefühl bei uns ist es den meisten Mitarbeitern sowieso ein Bedürfnis, sich über das Geschehen im Betrieb auf dem Laufenden zu halten. Wie dieser Kontakt konkret aussieht, wird mit Kollegen und Vorgesetzten vereinbart. Sicher wird man von einem Weltreisenden aber nicht erwarten, dass er sich jede Woche im Unternehmen meldet.

Fazit: Die BMW Group hat überwiegend gute Erfahrungen mit dem Sabbatical gemacht und begreift es als Chance, die Zufriedenheit und damit auch die Leistungsfähigkeit und Kreativität ihrer Mitarbeiter zu steigern.

Keinen Termindruck erzeugen

Um ein Gespräch mit Ihrem Vorgesetzten über Ihre Pläne, Ihre Gründe und Ihre genauen Vorstellungen kommen Sie nicht herum. Da Sie vielfach von Zustimmung abhängig sind und immer um Verständnis bemüht sein sollten, kommt diesem Gespräch bzw. diesen Gesprächen eine große Bedeutung zu. Es sei denn, ihr Arbeitgeber bietet von sich aus eine Auszeit an, dann wird Ihnen diese Aufgabe genommen. Um nicht den Eindruck zu erwecken, Sie würden aus einer Laune heraus handeln, sollten Sie immer rechtzeitig mit den Vorbereitungen beginnen. Natürlich gibt es Ausnahmesituationen, die schnelle Entscheidungen erfordern. Etwa wenn ein Elternteil erkrankt oder pflegebedürftig wird und Sie aus diesem Grund pausieren müssen. Für diesen dringenden Fall werden Sie wahrscheinlich auf Verständnis stoßen, selbst wenn es ganz schnell gehen muss.

In allen anderen Fällen sollten Sie keinen Termindruck erzeugen. Fühlt sich Ihr Chef unter Druck gesetzt, bringt das bestimmt keine Vorteile für Sie. Zwar haben Sie einen Rechtsanspruch auf Teilzeit, doch für ein Sabbatical brauchen Sie die Zustimmung des Unternehmens. Falls in Ihrem Unternehmen Langzeitkonten üblich sind (→ S. 105 ff.), dann haben Sie schon relativ gute Karten. In der Personalabteilung erfahren Sie, wofür die angesparte Zeit genutzt werden kann. Üblich sind vor allem Vorruhestand und Sabbatical. Aber auch dann, wenn es keine ausdrücklichen Regelungen gibt, sollten Sie einen – gut geplanten – Versuch wagen.

Die Lage sondieren und Prioritäten setzen

Schon lange bevor Sie mit irgendjemandem konkret über Ihr Vorhaben sprechen, können Sie in Gesprächen mit Kollegen und Vorgesetzten Ihre Interessen verdeutlichen. Machen Sie zum Beispiel darauf aufmerksam, dass Ihr Kind nächstes Jahr zur Schule kommt und Sie dann mehr Zeit für seine Unterstützung benötigen. Zeichnen sich schulische Probleme ab, die ebenfalls mütterlichen und väterlichen Rat erfordern, sollten Sie das in der Firma nicht verheimlichen. Auch den Wunsch, irgendwann mal eine Weltreise zu machen, ein Buch zu schreiben, Ihren Doktor zu machen oder ein Haus zu bauen, kann ruhig jeder kennen. Der Grund: Wird die Sache dann konkret, sind die lieben Kollegen und Vorgesetzten weniger erstaunt als ohne Vorbereitung.

Überlegen Sie, welche Stellung Sie im Unternehmen einnehmen. Sind Sie fachlich anerkannt und geschätzt? Verfügungen Sie über Spezial-Know-how, das für das Unternehmen wichtig ist? Dann wird Ihrem Wunsch auf Veränderung vielleicht deshalb zugestimmt, um Sie nicht ganz zu verlieren. Ist Ihr Stuhl dagegen schon wacklig, dann haben Sie weniger Verhandlungsmasse.

Verdeutlichen Sie sich genau Ihre Ziele, die Sie mit der Auszeit verbinden – kurz-, mittel- und langfristig. Am besten, Sie schreiben sie über einen längeren Zeitraum hinweg auf. Nur so wird Ihnen selbst klar, wohin die Reise gehen soll. Zum anderen ist Zielsicherheit auch die Grundlage für überzeugende Argumente im bevorstehenden Gespräch. Ziele wie „Ich muss einfach mal Abstand vom Hamsterrad bekommen" oder „Ich brauche Zeit, um mich beruflich neu zu orientieren" werden aus verständlichen Gründen bei Ihrem Chef nicht gut ankommen.

Um Sie in wirksame Argumente umzufunktionieren, müssen Sie mit den Augen Ihres Chefs an die Sache herangehen: Auch er ist mehr an motivierten Mitarbeitern als an ausgebrannten interessiert. Also heißt Ihr Argument im ersten Fall: „Ich werde die freie Zeit nutzen, um ..." Pläne für einen beruflichen Neuanfang sollten Sie dagegen ganz für sich behalten. Warum sollte Ihr Arbeitgeber Ihnen eine Auszeit geben, wenn Sie in absehbarer Zeit ohnehin den Job wechseln wollen? Denken Sie daran, Ziele und Argumente positiv, konstruktiv zu formulieren. Selbst wenn der Chef Verständnis für Ihren Wunsch nach Abstand vom Job hat: Machen Sie ihm die Entscheidung einfacher, indem Sie nicht Ihren jetzigen Zustand in den Vordergrund rücken, sondern den nach der Auszeit: ausgeruht, voller Ideen, motiviert ohne Ende.

Nachdem diese Seite – Ihre Seite – klar ist, sollten Sie sich fragen, inwieweit Sie mit Kompromissen leben können. Denn: Ihr Arbeitgeber fällt Ihnen wahrscheinlich nicht um den Hals, wenn Sie Ihr Vorhaben erläutern. Schließlich muss er die Interessen der Firma vertreten, und die gehen unter Umständen in eine andere Richtung als Ihre.

Unterscheiden Sie klar zwischen dem, was Ihnen wirklich wichtig ist, und Dingen, über die sich verhandeln lässt. Verhandlungsgegenstand könnten zum Beispiel die Länge des Sabbaticals und der exakte Starttermin sein. Worüber genau Sie verhandeln können, hängt natürlich von Ihrer Situation ab. Schreiben Sie auf, was unumstößlich und was verhandelbar ist. Beziehen Sie zu so vielen Punkten wie möglich vorher Position, damit Sie im Gespräch nicht überrascht werden.

Fragen Sie gestandene Aussteiger aus Ihrem Unternehmen oder Ihrem sonstigen Umfeld, welche Tipps sie Ihnen auf den Weg geben können. Warum nicht aus den Fehlern und Erfolgen anderer lernen?

Bereiten Sie ein Konzept vor

Jetzt geht die Vorbereitung in die heiße Phase. Bevor Sie sich endgültig outen, sollten Sie ein Konzept entwickeln, wie Ihre Abwesenheit vom Unternehmen gut verkraftet werden kann. Wer kann Sie vertreten? Wer kann welchen Teil Ihrer Arbeit mit übernehmen? Sind Sie auch während des Sabbaticals bereit, für schwierige Fragen zur Verfügung zu stehen? Wenn in Ihrem Arbeitsumfeld keine besonders kollegiale Stimmung herrscht, dann ist hier Vorsicht geboten. Der Chef sollte nicht durch einen neidischen Kollegen von Ihren Vorhaben erfahren, sondern zuerst von Ihnen.

Ansonsten können Sie Kollegen einweihen und sich ihrer Unterstützung versichern. Das ist wichtig, denn schließlich tragen die Kollegen einen Teil Ihres Ausstiegs mit. Insgesamt sollten Sie eine Lösung anbieten, die Ihr Unternehmen auch akzeptieren kann. Wenn Sie beispielsweise gerade in der Hauptgeschäftszeit Ihres Unternehmens ein viertel Jahr pausieren wollen, ist das nicht gerade klug.

Wählen Sie dagegen eine Zeit, in der gewöhnlich Flaute herrscht oder die Geschäfte ruhiger laufen, kommen Sie den Arbeitgeberinteressen entgegen.

Zeigen Sie Engagement

Ein gutes Gespräch will inhaltlich vorbereitet sein. Bauen Sie ein Gerüst aus vier, fünf stichhaltigen Argumenten, an das Sie sich halten können. Überlegen Sie am besten vorher, welche Einwände es vonseiten des Chefs geben könnte, und bereiten Sie vor, wie Sie sie entkräften können. Bei aller nüchternen Argumentation sollten Sie in der Sache überzeugend und begeistert auftreten. Denn: Die Art, wie Sie Ihre Argumente hervorbringen, ist mindestens genauso wichtig wie die Argumentation selbst.

Sehen Sie in Ihrem Chef einen Menschen, der vielleicht ähnlich wie Sie empfindet und gern selbst etwas kürzertreten möchte. Sprechen Sie daher auch seine emotionale Seite an und versuchen Sie, soweit es geht Übereinstimmungen mit ihm herzustellen, etwa wie „Sie stimmen mir doch sicher zu, dass ...“ oder „Auch ich habe ein Interesse daran, dass ...“ Gemeinsamkeiten, die einmal festgestellt wurden, helfen, eventuelle Differenzen besser zu bewältigen bzw. Kompromisse zu finden. Treten Sie selbstbewusst, aber freundlich und gewinnend auf.

Untermauern Sie Ihre innere Beteiligung mit Mimik und Gestik. Verschränkte Arme signalisieren beispielsweise innere Abwehr, während geöffnete Hände die Verbindung zum Partner suchen. Direkter Blickkontakt mit einem kleinen Lächeln zeigt, dass Sie nichts zu verbergen haben und offen für alles sind. Das sind gewiss Kleinigkeiten, können aber im Zweifel dafür sorgen, dass die Waage zu Ihren Gunsten ausschlägt.

Der richtige Zeitpunkt für ein Gespräch

Bei der Wahl des Zeitpunktes können Sie Fingerspitzengefühl beweisen. Richten Sie sich ein wenig nach den Gewohnheiten Ihres Chefs, wenn Sie die Sekretärin nach einem Wunschtermin fragt. Liest er morgens um 9 Uhr seine Zeitung? Dann sollten Sie ihn dabei nicht stören. Hat er montags eine schwierige geschäftliche Besprechung mit der Firmenleitung? Dann hat er wahrscheinlich an diesem Tag keinen Nerv für Ihr Anliegen. Auch der Biorhythmus jedes Menschen beeinflusst seine Konzentrationsfähigkeit: Zwischen 9 und 10 Uhr ist sie meist in Höchstform. In dieser Zeit laufen schwierige Gespräche gut. Nach dem Mittag hat fast jeder einen Hänger und will am liebsten in Ruhe gelassen werden. Die zweite Hochphase ist gegen 16 Uhr.

Bitten Sie offiziell um einen Termin bei Ihrem Vorgesetzten und fangen Sie ihn nicht auf dem Flur ab. Schließlich geht es nicht um eine Kleinigkeit. Fallen Sie zu Beginn des Gesprächs möglichst nicht gleich mit der Tür ins Haus. Ein wenig Small Talk hat bisher keiner Verhandlung geschadet. Antworten Sie auf routinemäßige Fragen wie nach dem Befinden mit einem netten, unverbindlichen Satz. Berichten Sie beispielsweise ganz kurz, aber mit Engagement über Ihre neueste Arbeitsaufgabe. Der Chef hört es sicher gern, dass Sie mit Eifer bei der Arbeit sind. Danach bringen Sie Ihr Anliegen vor: konstruktiv, positiv und auf den Punkt gebracht.

Wie gehen Sie mit Zurückweisung um?

Oberstes Prinzip: sachlich bleiben. Versuchen Sie auch bei unsachlich geäußerten Einwänden, nicht persönlich betroffen zu sein. Einwände werden oft als etwas Negatives betrachtet, die die Autorität des Vortragenden untergraben und die Argumentation zerstören. Das stimmt aber nicht, ausgenommen die seltenen taktischen Einwände, die tatsächlich als Waffe darauf gerichtet sind, Sie aus dem Konzept zu bringen. Gegen unsachliche Einwände dürfen Sie sich wehren. Bitte nur den Einwand bekämpfen, nicht die Person! Verkneifen Sie sich ein wütendes „Das ist doch kompletter Blödsinn!" und sagen stattdessen ruhig „Ich glaube, da muss ich Sie jetzt korrigieren" oder „Ich glaube, da haben Sie mich nicht ganz richtig verstanden."

Alle sachbezogenen Einwände begreifen Sie bitte als Chance für sich und nutzen Sie auch so: Ihr Partner hat Ihnen zugehört, aber er ist noch nicht restlos überzeugt. Freuen Sie sich über sein Interesse und danken Sie ihm für die Anregung. Denken Sie daran: In jedem ernst gemeinten Einwand steckt eine Frage, die Bitte um eine Verständnishilfe. Filtern Sie diese heraus und ignorieren Sie eventuell emotional gefärbte Formulierungen einfach. Indem Sie sachlich antworten, verhindern Sie, dass das gesamte Gespräch unnötig angeheizt und so der Widerspruch weiter forciert wird.

So gehen sie bei sachbezogenen Einwänden vor

- Hören Sie genau und bis zum Ende zu, ohne Ihren Chef zu unterbrechen.
- Fassen Sie bei ausschweifenden Einwänden den Kern mit eigenen Worten zusammen und vergewissern Sie sich, ob Sie ihn richtig verstanden haben.
- Akzeptieren Sie den Einwand, indem Sie sagen „Stimmt, darüber sollten wir noch sprechen" oder „Das ist ein interessanter (wichtiger) Gedanke". Sie geben damit eine Nachricht, dass Sie die Äußerung ernst nehmen, nicht dass Sie ihr zustimmen.
- Gegenfragen stellen Sie nur in Ausnahmesituationen, etwa um Zeit zu gewinnen oder zunächst die Argumente des Partners zu hören.
- Stimmen Sie bedingt oder einem Aspekt zu (wenn Sie können) und legen Sie zugleich Ihren Standpunkt dazu da.

- Wiegen Sie den Nachteil, der durch den Einwand genannt wurde, durch Vorteile Ihres Vorschlags auf. Ziel ist zu zeigen, dass die Vorteile offensichtlich überwiegen.
- Lösen Sie den Einwand durch Erfahrungen Dritter auf.
- Verschieben Sie die Beantwortung des Einwandes auf später: „Haben Sie bitte einen Moment Geduld. Ich komme gleich darauf zu sprechen."
- Klammern Sie den Einwand aus, wenn er nicht zum Thema passt oder den Rahmen sprengt.
- Beziehen Sie andere Zuhörer ein, falls noch eine andere Person anwesend ist: „Bevor ich mich äußere, würde mich die Meinung von Herrn X dazu interessieren."
- Starten Sie notfalls ein Ablenkungsmanöver: „Dieser Gedanke ist sehr interessant. Er führt uns direkt zum nächsten Punkt."

Emotionale Ausrutscher und Anfeindungen versuchen Sie grundsätzlich zu überhören. Wenn Sie antworten, dann so, dass der Partner sein Gesicht wahren kann. Auch wenn es Kraft kostet, zeigen Sie Verständnis und versuchen Sie, den Grund für die Feindseligkeit zu ergründen. Fragen Sie nach: „Herr Meier, was bringt Sie dazu, so kritisch (wütend, ungehalten) darüber zu urteilen?" Das nimmt meistens schon einen Teil des Windes aus den Segeln, denn jetzt ist es an ihm, seine Reaktion zu erklären. Reden Sie über eigene Befindlichkeiten: „Herr Meier, ich fühle mich durch Ihre Äußerung persönlich betroffen. Wollen wir nicht versuchen, die Sache friedlich zu klären?" Die meisten Menschen werden jetzt einlenken, denn sie wollten eigentlich nicht Sie beleidigen, sondern Ihren eigenen Gefühlen (Angst, Unsicherheit, Überforderung) Ausdruck verleihen. Werfen Sie also immer Rettungsanker, an denen der Partner festmachen und umkehren kann.

8 | Ausstieg und Wiedereinstieg arbeitsvertraglich regeln

Vor allem die Furcht vor der Frage, was nach der Rückkehr vom Sabbatical beruflich passiert, lässt viele Interessierte zurückschrecken. Unternehmen, die Sabbaticals ermöglichen, garantieren zwar in der Regel die Rückkehrmöglichkeit, oft aber nicht auf den angestammten, sondern auf einen anderen Arbeitsplatz. 40 Prozent der Arbeitnehmer aus der weiter oben genannten Studie befürchten, dass ihre Stelle bei der Rückkehr von einem anderen Kollegen besetzt ist und die Karriere ins Stocken gerät.

So sieht Ihr Sabbatical-Vertrag aus

Diese Risiken können Sie weitgehend ausschließen, wenn Sie Einfluss auf Ihren Sabbatical-Vertrag nehmen. Schließen Sie immer einen individuellen Vertrag und verlassen Sie sich besser nicht auf Betriebsvereinbarungen. Da solche Verträge längere Laufzeiten haben können, um das Ansparziel zu erreichen, können sich Betriebsvereinbarungen ändern. Ein eigener Vertrag dagegen ist sicher.

Außerdem gehören in einen Sabbatical-Vertrag folgende wichtige Punkte:

- der genaue Zeitraum der Anspar- und der Freistellungsphase
- die Befristung einer Arbeitszeitreduzierung, damit Sie anschließend ohne Probleme wieder zu Ihrer ursprünglichen Arbeitszeit zurückkehren können

- die Feststellung, dass Sie wieder an Ihren alten, zumindest aber an einen adäquaten Arbeitsplatz zurückkehren können
- eine Vereinbarung darüber, dass Sie in dem vorgesehenen Umfang Überstunden machen dürfen, um Ihr Ansparziel zu erreichen (als Ziel der Arbeitszeitreduzierung sollte also die Ansparmöglichkeit festgeschrieben werden)
- ein Passus, dass Zeiten der Krankheit in der Freistellungsphase nicht vom Zeitguthaben abgezogen werden
- falls gewünscht: die Möglichkeit, auch Urlaubsansprüche, die über den gesetzlichen Mindesturlaub hinausgehen, auf dem Arbeitszeitkonto ansparen zu können
- eine Vereinbarung, dass die ordentliche Kündigung durch den Arbeitnehmer während der Anspar- und vor allem während der Freizeitphase ausgeschlossen ist, damit Ihnen Ihr Guthaben nicht verloren geht
- ein Passus, dass Ihnen bei vorzeitigem Ausscheiden aus dem Unternehmen, bei Berufsunfähigkeit u. Ä. das Guthaben ausgezahlt wird
- nicht aufgenommen werden sollte der Zweck des Sabbaticals, etwa eine Reise in ein bestimmtes Land, da sonst für den Fall, dass die Reise unmöglich ist (eigene Krankheit, Krieg im Zielland), mit Schwierigkeiten zu rechnen ist.

Formen des Sabbaticals

Grundsätzlich kann man folgende Möglichkeiten der Organisation des Sabbatjahres in Deutschland beobachten.

Das Teilzeitmodell
Hier schließt der Arbeitnehmer über eine vorher festgelegte Laufzeit einen Teilzeitvertrag mit seinem Unternehmen. Er bekommt also reduziertes Gehalt, arbeitet aber

de facto weiter Vollzeit. Die so entstehenden Überstunden werden auf einem Arbeitszeitkonto gesammelt. Nach dieser Ansparphase beginnt in der Regel die Freistellungsphase, das heißt, der Mitarbeiter arbeitet für eine festgelegte Zeit nicht, bekommt aber das – reduzierte – Gehalt weitergezahlt.

Zeitlich begrenzter Lohnverzicht
Der Arbeitnehmer verzichtet über einen längeren Zeitraum auf einen Teil seines Lohns oder Gehalts und spart so ein Gehaltsguthaben an, mit dem er in der Freistellungsphase entlohnt wird.

Fondssparmodell bzw. Zeitwertpapiere
Auf einem Arbeitszeitkonto werden Überstunden, Urlaub und/oder Teile des Gehalts angespart. Der Arbeitgeber legt den Wert des angesparten Zeitguthabens in Investmentfonds an, sodass Zinsen gezahlt werden. In der Freistellungsphase wird der Arbeitnehmer aus diesem Fonds entlohnt. In manchen Unternehmen kann dieses Modell allerdings ausschließlich für den vorgezogenen Ruhestand verwendet werden.

Time-out-Modelle
Hier geht die Initiative für Sabbaticals eher vom Arbeitgeber aus bzw. es liegt im Interesse des Unternehmens, dass Mitarbeiter in einer konjunkturell schwachen Phase für eine bestimmte Zeit von der Arbeit freigestellt und dafür mit einem reduzierten Gehalt zwischen 20 und 50 Prozent entlohnt werden.

Vorgezogener Ruhestand
Anstatt nach der Freistellung ins Unternehmen zurückzukehren, wird das angesparte Zeitguthaben genutzt, um entweder kurz vor dem Ruhestand weniger zu arbeiten oder früher aus dem Erwerbsleben auszuscheiden.

Unbezahltes Sabbatical
Möglich ist es auch, längeren unbezahlten Urlaub zu nehmen. Welche Besonderheiten es dabei gibt, lesen Sie im folgenden Kapitel (→ S. 107 ff.).

Rechtliche Grundlagen

Grundsätzlich gibt es in Deutschland keinen einklagbaren Anspruch auf ein Sabbatical, sondern nur gesetzliche Regelungen, die den Ausstieg erleichtern. Dazu gehört das 2001 in Kraft getretene Teilzeit- und Befristungsgesetz, nach dem Sie grundsätzlich Anspruch auf Teilzeitarbeit haben. Dies ist Voraussetzung für die Mehrheit der bisher erwähnten Formen des Sabbaticals.

Sie bleiben während der bezahlten Freistellungsphase mit anschließender Rückkehr ins Unternehmen Betriebsangehöriger und behalten alle Vorteile, die sich daraus ergeben. Die Ausnahme stellt der gleitende Übergang in den Ruhestand dar. Sie bleiben weiter sozialversicherungspflichtig beschäftigt, das heißt, sowohl Sie als auch Ihr Arbeitgeber zahlen weiter in die verschiedenen Zweige der Sozialversicherung ein und Sie sind darüber abgesichert. Dafür gibt es allerdings folgende Voraussetzungen:

- Der Freistellung liegt eine schriftliche Vereinbarung zugrunde (→ S. 100)
- Der Freigestellte erhält weiterhin Arbeitsentgelt, das mindestens 325 Euro beträgt und nicht mehr als 30 Prozent vom Verdienst der letzten zwölf Monate abweicht.

Steuerrechtlich ist zu beachten, dass die Lohnsteuer für den Teil Ihres Gehaltes, der auf dem Arbeitszeitkonto angespart wird, erst dann fällig wird, wenn das Geld zur Auszahlung kommt.

Langzeitkonten: Für die große Pause

Mit Langzeitkonten können Arbeitnehmer langfristig und geplant Arbeitszeitguthaben ansparen. Während die Kurzform dem Ausgleich schwankenden Arbeitsanfalls dient und auch kurzzeitig wieder ausgeglichen werden muss, sind Langzeitkonten darauf ausgelegt, über einen sehr langen Zeitraum oder sogar lebenslang *(Lebensarbeitszeitkonto)* Zeit anzusparen. Arbeitnehmer verbinden meist ein konkretes Ziel damit.

Langzeitkonten funktionieren im Prinzip so, dass Arbeitnehmer länger als vertraglich vereinbart arbeiten und die zu viel geleistete Arbeit sich nach einem bestimmten Plan und innerhalb einer bestimmten Laufzeit ansammelt.

Ideal sind Formen von Langzeitkonten, die sich den finanziellen Erfordernissen des Arbeitnehmers anpassen. Beispiel: Die anzusparende Stundenzahl wird jährlich neu vereinbart. Ist der aktuelle Finanzbedarf höher, werden weniger Stunden gespart und die Vertragsarbeitszeit entsprechend erhöht. Dann kommt auch mehr Gehalt heraus.

Auch unter dem Aspekt der Steueroptimierung ist dieses Modell interessant: Schließlich brauchen Sie Steuern und Sozialabgaben für die angesparten Stunden erst dann zu bezahlen, wenn in der Freizeit das entsprechende Gehalt ausgezahlt wird.

Die rechtlichen Grundlagen dafür wurden bereits 1998 mit dem „Gesetz zur sozialrechtlichen Absicherung flexibler Arbeitszeitregelungen“ *(Flexi-Gesetz)* gelegt. Es lässt sogar zu, dass Sie einen Teil Ihres Gehaltes in Zeitguthaben umwandeln. Zugleich nimmt es den Arbeitgeber in die Pflicht, das wertvolle Guthaben seiner Arbeitnehmer für den Fall einer Firmen-Insolvenz abzusichern, damit Ansprüche nicht verfallen.

Allerdings sichern noch längst nicht alle Unternehmen, die solche Konten eingeführt haben, die Zeitguthaben der Mitarbeiter gegen Insolvenz des Unternehmens ab. Für Betroffene steht viel Geld und Freizeit auf dem Spiel: Wer ein Jahr lang 10 Prozent weniger Gehalt kassiert, hat zum Beispiel Anrecht auf rund einen Monat früheren (bezahlten) Berufsausstieg. Wer so auf Vorrat arbeitet, sollte darauf drängen, dass die Firma seine Ansprüche für den Insolvenzfall absichert.

9 | Besonderheiten des unbezahlten Sabbaticals

Wer unbezahlt freinimmt, bei dem ruht für diese Zeit das Arbeitsverhältnis – mit allen Konsequenzen. Ihr Arbeitgeber meldet Sie bei den Versicherungsträgern ab, längstens einen Monat sind Sie noch versichert. Auch der wichtige Krankenversicherungsschutz ruht dann. Das müssen Sie auf jeden Fall verhindern. Auch während Ihres Sabbaticals benötigen Sie unter Umständen ärztliche Hilfe. Erkundigen Sie sich bei Kranken- und Rentenversicherung über die Zahlung von freiwilligen Beiträgen und lassen Sie sich ausrechnen, welche Auswirkungen das etwa auf die Rente hat. Sind Sie arbeitslos gemeldet, dann sind Sie zwar über die Arbeitsagentur unfall-, pflege-, kranken- und rentenversichert. Nur können Sie dann auch keine längeren Reisen machen, da Sie der Arbeitsagentur zur Arbeitsvermittlung zur Verfügung stehen müssen.

Die Arbeitslosenversicherung können Sie für die Auszeit ruhen lassen. Da Sie nicht arbeiten, zahlen Sie für diese Zeit auch nicht ein. Ansprüche, die Sie bereits erworben haben, gehen dadurch nicht verloren. Mit den Abschlägen in der Rentenversicherung, die durch die Einzahlungspause entstehen, müssen Sie wahrscheinlich leben. Auch hier besteht allerdings die Möglichkeit der freiwilligen Weiterversicherung. Ziehen Sie Ihren Rentenversicherungsträger zurate, falls Sie sich um Ihre Rente Sorgen machen.

Was die gesetzliche Unfallversicherung betrifft, so zahlt diese ohnehin nur für Unfälle, die auf dem Weg zur und von der Arbeit bzw. während der Arbeit passieren. Da Sie sich dafür entschieden haben, gerade dies für eine Zeit lang nicht zu tun, haben Sie also auch keine Ansprüche. Für die Folgen von Unfällen während Ihrer Freizeitphase kommt dann eine private Unfallversicherung auf, falls Sie eine haben.

Daneben stellt sich natürlich die nicht unwichtige Frage, wie Sie ein unbezahltes Sabbatical finanzieren wollen. Auch dann, wenn das Gehalt in der Auszeit weiterläuft, sind für bestimmte Vorhaben – vor allem für eine größere Reise – zusätzliche Mittel nötig. Daher wollen wir im Folgenden auf das Thema Geld eingehen.

10 | Organisatorisches rund ums Sabbatical

Bevor Sie Ihr Sabbatical antreten, sollten Sie insbesondere für den Fall, dass Sie sich außer Landes begeben, einige organisatorische Dinge beachten. Vorausgesetzt natürlich, Sie haben vorher mit Ihrem Arbeitgeber alles klargemacht und wissen, wann es losgehen soll. Neben dem Thema Geld und Versicherungen müssen Sie auch noch an einige andere wichtige Dinge denken; auch auf diese wird im Folgenden eingegangen.

Geld und Versicherungen

Bei Reisen ins Ausland benötigen Sie zusätzlichen privaten Krankenversicherungsschutz. Denn: Wer im Ausland krank wird, zahlt seine Arztrechnung in aller Regel sofort und bar. Mit einer Auslandsreise-Krankenversicherung bekommen Sie zu Hause das Geld gegen Vorlage von Quittungen von der Krankenversicherung ersetzt. Die üblichen Standard-Policen gelten nur für Urlaubsreisen bis zu 42 Tagen, selten für 60 Tage. Das reicht für einen längeren Aufenthalt nicht aus. Fragen Sie daher Ihren Versicherer nach Konditionen für den von Ihnen gewünschten Zeitraum.

Günstige und gute Auslandsreise-Krankenversicherungen			
Anbieter	**Alter bis … Jahre**	**Selbstbehalt (Euro)**	**Beitrag (Euro)**
Huk Coburg	69	50	491
ADAC	26	50	365
ADAC	65	50	500
Europäische	64	100	932

Reisedauer 1 Jahr, mit Selbstbehalt, untere Altersklasse
Quelle: Finanztest Heft 9/2007

Ihre sonstigen privaten Versicherungen – Haftpflicht, Hausrat u. Ä. – sollten Sie weitgehend unangetastet lassen. Die Haftpflichtversicherung gilt meist weltweit (in den Vertrag schauen!) und schützt Sie auch im Ausland davor, für Schäden zu bezahlen, die Sie Dritten versehentlich zufügen. Ihren Pkw können Sie für die Zeit Ihrer Abwesenheit abmelden, falls er nicht von jemand anderem gefahren wird. Das spart Steuern und – wenn Sie es Ihrer Kfz-Versicherung mitteilen – auch Versicherungsprämie.

Geld fällt nicht vom Himmel. Gerade für eine große Reise wird aber viel Geld benötigt. Zwar nicht so viel, wie man immer denkt, meinen Reise-Experten. Aber mehr als sonst.

Beispielkosten für eine einjährige Weltreise

Route: Start/Ende in Deutschland; Chile, Peru, Ecuador, Panama, Costa Rica, Panama, Ecuador (Galapagos), Peru, Bolivien, Chile (Osterinsel), Tahiti, Fidschi, Australien, Indonesien, Malaysia, Thailand, Kambodscha, Vietnam, Laos, Thailand

Reisestil: alleine, einfache Hostels, gute Ernährung, regelmäßige Sonderaktivitäten

Wohnung: aufgelöst

Tickets: selbst zusammengestückelt.
Oneway Frankfurt–Santiago–Osterinsel–Tahiti
Quito–Panama–Quito (vor Ort gekauft)
Tahiti–Fidschi–Sydney mit dem Visit South Pacific Airpass
Oneway Darwin–Bali
Oneway Hanoi–Vientiane, Laos (vor Ort gekauft)
Oneway Bangkok–Frankfurt (vor Ort gekauft)
Insgesamt elf Inlandsflüge (überwiegend vor Ort gekauft)

Gesamtkosten: ca. 17.000 Euro

Quelle: www.weltreise-info.de

Vor allem bei einem längeren Auslandsaufenthalt müssen Sie sehr realistisch an die Kostenplanung herangehen. Erkundigen Sie sich also möglichst gut vorher: Wie sind die Lebenshaltungskosten im gewünschten Land? Was zahle ich für Unterkunft? Wie teuer ist das Vorankommen im Inland? etc.

Bei Reisen in asiatische Länder zum Beispiel müssen Sie zwar mit hohen Flugkosten rechnen, dort lebt sich's aber ausgesprochen preiswert.

Überblick verschaffen mit einem Haushaltsbuch

Ein Kassensturz über Einnahmen und Ausgaben kann dabei gute Dienste leisten. Viele der Kosten werden nämlich auch während des Sabbaticals weiterlaufen, wie Miete und Versicherungen. Dazu kommen zusätzliche Kosten für Reisen, Weiterbildungen und Ähnliches, je nachdem, was genau Sie sich vornehmen. Um sich einen Überblick über laufende Einnahmen und Ausgaben zu machen und um langfristig Sparpotenziale zu entdecken, sollten Sie lange vor dem geplanten Ausstieg mit dem Führen eines

Haushaltsbuches beginnen. Sie bekommen es unter anderem bei den Verbraucherzentralen. Spätestens nach drei Monaten wissen Sie mit relativ geringem täglichem Zeitaufwand ziemlich genau, wo das Geld geblieben ist. Entsprechend sollten Sie die einzelnen Posten auch möglichst detailliert auflisten; „Lebensmittel" als Posten sagt sicherlich relativ wenig aus.

So einfach führen Sie Ihr Haushaltsbuch

- Zu Beginn alle monatlichen Einnahmen auflisten (Gehalt, Kindergeld, Unterhalt, Zinsen usw.).
- Jährliche feste Einnahmen wie Weihnachts- und Urlaubsgeld durch 12 teilen und jedem Monat einen Anteil zurechnen.
- Dann alle festen (fixen) monatlichen Ausgaben eintragen (Miete, Rundfunk, Wasser, Strom, etc.).
- An Rücklagen für bestimmte Situationen (Reparaturen, Unfälle, sonstige Notfälle) denken.
- Nun alle festen viertel-, halb- oder ganzjährlichen Ausgaben ermitteln (Urlaub, Geburtstage, Energie- und Müllkosten, Versicherungsbeiträge) und anteilig bei den festen monatlichen Ausgaben mit eintragen.
- Differenz aus Einnahmen und Ausgaben bleibt verfügbares Geld für den Monat.
- Geteilt durch 4 ergibt in etwa das Haushaltsgeld für eine Woche.
- Eintragen täglicher Ausgaben in vorbereitete Wochentabelle.
- Wöchentliche und monatliche Abrechnung schafft Überblick.

Zu zusätzlichem Geld kommen

Überlegen Sie genau, wo Sie Ausgaben reduzieren können. Worauf können Sie vor und im Sabbatjahr verzichten? So kann man zum Beispiel Lebensversicherungen beitragsfrei stellen, ohne dass der Versicherungsschutz infrage gestellt ist. Vereinsmitgliedschaften – zumal wenn sie nur noch auf dem Papier existieren – sollten Sie jetzt kündigen. Auch Fernsehen und Rundfunk können Sie –

falls Sie verreisen wollen – abmelden. Daneben lohnt es sich nachzusehen, ob man Dinge, die man ohnehin nicht mehr braucht, verkaufen oder etwa über eBay versteigern kann. Insgesamt kann es sich lohnen, Kaufgewohnheiten zu prüfen, eine unnötig große Wohnung gegen eine kleinere zu tauschen oder sich statt des großen einen Kleinwagen zuzulegen, bei dem Steuern, Versicherung und Benzin eingespart werden können. Auch unsinnige Versicherungspolicen schlucken nur Geld und sollten umgehend gekündigt werden.

Legen Sie sich ein separates Konto an und sparen Sie dort konsequent. Am besten eignen sich gut verzinste Tagesgeldkonten, da man hier problemlos kleine und große Summen einzahlen kann und das Geld ständig abrufbar ist. Lassen Sie am besten den Betrag monatlich von Ihrem Girokonto abbuchen.

Günstige Tagesgeldkonten

Anbieter	Mindesteinlage (Euro)	effektiver Jahreszins (%)
Advanzia Bank	5.000	4,35
Akbank N.V.	keine	4,00
Credit Europe B.	keine	4,00
Amsterdam Trade Bank	keine	4,00
Denizbank	1.000	3,90
1822direkt	keine	3,85
comdirekt bank	keine	3,85
Vakifbank	2.500	3,80
Weserbank	5.000	3,65
Ziraat Bank	keine	3,65

Quelle: Finanztest Heft 9/2007

Wenn das Geld dennoch nicht reicht, kann man vorhandenes Kapital flüssig machen. Alles – bis auf die Altersvorsorge – kann auf den Prüfstand. Allerdings kann auch eine Lebensversicherung nützlich sein, indem man sie beleiht („Policen-Darlehen" genannt). Sie zahlen dann trotz Beleihung weiter Ihre Beiträge, können sich aber aus dem bereits vorhandenen Deckungskapital bedienen. Die Zinsen, die für die Beleihung berechnet werden, liegen meist unter denen für Ratenkredite. Zurzeit betragen Sie ab 5 Prozent. In der Regel zahlen die Versicherer Beträge bis zur Höhe des garantierten Rückkaufswertes oder des sogenannten Beleihungswertes (Rückkaufwert plus Überschussanteile) aus. Die Vorauszahlung wird später mit der Ablaufleistung verrechnet, d. h. um die ausbezahlte Summe gekürzt. Allerdings kann das Policen-Darlehen auch jederzeit ohne Einhaltung einer Frist ganz oder teilweise getilgt werden. Sie können mir Ihrem Wunsch nach einem Policen-Darlehen zu Ihrem Lebensversicherer, aber auch zu einem der inzwischen recht zahlreichen Zweitmarktanbieter gehen (wie Cash.life, Policen Direkt, Life Finance, Lifebond oder Sparschwein AG). Hier sind die Konditionen häufig günstiger, die Bedingungen flexibler.

Viele weitere Anlagen, Immobilien oder Bausparverträge können angegriffen werden, ohne dafür Strafzinsen zahlen zu müssen. Selbst Sparformen, die vor Ende der Laufzeit eigentlich nicht verfügbar sind, wie Festgeld oder Sparbriefe, können gegen geringe Kosten beliehen werden.

Natürlich können Sie auch erwägen, einen Kredit für Ihre Traumreise aufzunehmen. Die einfachste Möglichkeit ist der Dispo-Kredit Ihres Girokontos. Allerdings warnen Verbraucherschützer vor einem allzu sorglosen Umgang mit diesem Kreditrahmen, da der Jahreszins hier deutlich höher als beim Ratenkredit ist. Wenn Sie mit Ihrer Bank über einen solchen Kredit reden, lassen Sie sich unbedingt den effektiven Jahreszins nennen, der die Kosten des Kredits widerspiegelt. Monatszinsen sehen zwar schön niedrig aus, sind aber Augenwischerei.

Günstige Ratenkredite

Anbieter	effektiver Jahreszins (%) für	
	5.000 Euro (24 Monate Laufzeit)	10.000 Euro (60 Monate Laufzeit)
C&A Money	4,30	5,99
Dr. Klein & Co.	4,95	5,75
CosmosDirekt	5,35	5,70
SKG Bank	5,35	5,70
FinanceScout24	5,75	5,75
Netbank	5,75	5,90

Quelle: Finanztest Heft 9/2007

Günstig für die Bezahlung in fernen Ländern sind Kreditkarten, die es häufig schon kostenlos zum Girokonto dazugibt. Auch ein ausführliches Beratungsgespräch mit Ihrer Bank darüber, wie Sie sich beim Bezahlen im Ausland verhalten, kann nicht schaden. Kontoauszüge sollten Sie sich an Ihre neue Adresse schicken lassen (gegen Gebühr). Informieren Sie sich vorher, ob und wo Ihre Hausbank im Ausland vertreten ist. Die großen Banken finden Sie relativ häufig, bei kleinen wird's dagegen schwierig.

Was wird aus der Wohnung?

Wenn Sie für längere Zeit verreisen, lohnt es sich, einen Untermieter für die Wohnung zu suchen. Sie müssen allerdings formal Ihren Vermieter um Erlaubnis bitten, sonst droht fristlose Kündigung. Am besten, Sie finden im Familien- und Freundeskreis jemanden, der gern in Ihre Wohnung zieht, auch wenn Sie dann vielleicht nicht die volle Miete bekommen. Fremden die Wohnung mit sämtlichem Mobiliar zu überlassen, ist nicht jedermanns Sache. Wenn doch, finden Sie in der Mitwohnzentrale vielleicht den passenden Untermieter.

www.mitwohnzentrale.de

Wenn Sie untervermieten, sollten Sie einen ordentlichen Vertrag aufsetzen. Läuft die Sache über die Mitwohnzentrale, bekommen Sie automatisch einen wasserdichten Vertrag. Schäden an Ihrem Mobiliar muss die Haftpflichtversicherung Ihres Untermieters bezahlen.

Gesundheitsvorsorge

Bevor Sie der Heimat Adé sagen, sollten Sie sich noch mal von Ihrem Hausarzt durchchecken lassen. Decken Sie sich mit Medikamenten ein, die Sie regelmäßig nehmen müssen. Auch andere „Reisemedizin", wie Schmerz-, Kohle- oder Fiebertabletten, und ein Fieberthermometer können nicht schaden. Haben Sie alle Impfungen? Neben den hierzulande üblichen Impfungen kann es gut möglich sein, dass Sie im Ausland weitere benötigen. Das Auswärtige Amt gibt Ihnen ausführliche Informationen zur Gesundheitsvorsorge bei Auslandsaufenthalten.

www.auswaertiges-amt.de, weiter zu *Länderinformationen* und zu *Gesundheitsdienst*

Im Auswärtigen Amt bekommen Sie auch Sicherheitshinweise für Ihr Reiseziel. Sollte es Sicherheitswarnungen geben, nehmen Sie diese sehr ernst und überdenken Sie

Ihr Vorhaben noch einmal. Außerdem sollten Sie sich aufschreiben, wo es konsularische Betreuung in Notfällen gibt.

Das Bankkonto

Stellen Sie vor Reisebeginn am besten alle regelmäßigen Geldzahlungen auf Abbuchung oder Dauerauftrag um. Dann kann nichts Unerwartetes passieren. Beantragen Sie Online-Banking, falls nicht schon passiert. So können Sie aus der Ferne Ihre Kontobewegungen kontrollieren. Vereinbaren Sie mit der Bank, dass Ihre Kontoauszüge entweder an Ihren Urlaubsort oder an eine Vertrauensperson zu Hause geschickt werden. Dieser Service ist allerdings kostenpflichtig.

Und sonst?

Bleibt die Wohnung während Ihrer Abwesenheit leer, engagieren Sie möglichst einen Helfer, der Blumen gießt, ab und an mal lüftet, im Winter die Heizung andreht, den Briefkasten entleert und ganz allgemein nach dem Rechten sieht. Ideal ist ein Nachbar, dem Sie vertrauen. Sollte doch mal ein Rohr platzen, ist er gleich zur Stelle. Natürlich sollten Sie ihm für den Notfall eine Telefonnummer hinterlassen.

Wer ins Ausland außerhalb der EU reist, braucht natürlich auch einen gültigen Pass und Einreise-Visa. Auch ein internationaler Führerschein kann sinnvoll sein. Er muss bei der zuständigen Führerscheinstelle beantragt werden. Obwohl eigentlich selbstverständlich, werden solche einfachen Dinge gern vergessen oder zu spät in Angriff genommen.

11 | So planen Sie Ihre Rückkehr

Kontakt zum Arbeitgeber halten

Wer sich für ein Sabbatical entscheidet, will oftmals vor allem eins: Abstand vom Alltagstrott gewinnen. Wie Sie das am besten schaffen, ist ganz Ihnen und Ihren Wünschen überlassen. So verständlich und nützlich dieses Verlangen auch ist, sollten Sie dennoch eins nicht vollständig aus den Augen verlieren: Irgendwann ist auch die längste und schönste Auszeit zu Ende, und es gilt, wieder im Arbeitsleben Fuß zu fassen. Damit Sie nach der Rückkehr ins Berufsleben keine unangenehme Überraschung erleben – Ihre Abteilung gibt es zum Beispiel nicht mehr, weil sie im Zug von Umstrukturierungen wegrationalisiert wurde –, sollten Sie regelmäßig Kontakt zu Kollegen und Vorgesetzten halten und auch inhaltlich halbwegs auf dem Laufenden bleiben. Am besten machen Sie schon vor der Pause aus, wie dieser Kontakt gestaltet werden soll.

So ist es möglich, dass die Initiative nur von Ihnen ausgeht und Sie sich etwa einmal im Monat per E-Mail melden und über Neuigkeiten berichten bzw. solche abfragen. Sie können sich aber auch regelmäßig betriebliche Newsletter oder die Mitarbeiterzeitung zuschicken lassen und so informiert werden. Persönlicher sind regelmäßige Telefonate mit einem Kollegen Ihres Vertrauens. Dabei erhalten Sie auch die wichtigen „inoffiziellen" Informationen, die sich bei der Rückkehr bezahlt machen können.

Sorgen Sie in jedem Fall dafür, dass Sie für den Notfall erreichbar sind. Es kann sich nämlich bezahlt machen, wenn Sie auch im fernsten Land dem Unternehmen mit Ihrem Know-how zur Verfügung stehen, falls es irgendwo klemmt. Und so unangenehm ist es schließlich auch nicht zu merken, dass man doch irgendwie ein bisschen unersetzlich ist.

Die Rückkehr

Wer nach dem Sabbatical wieder auf seinen alten Arbeitsplatz zurückkehren kann und das auch will – wunderbar. Vielleicht „fremdeln" Sie anfänglich etwas, weil das Leben ohne Sie in der Firma ja weitergegangen ist. Vielleicht ist Ihre beste Kollegin befördert worden oder hat die Abteilung gewechselt, sodass Sie auf diesen gewohnten Kontakt verzichten müssen. Vielleicht begegnen Ihnen manche Kollegen skeptisch bis neidisch, weil Sie so lange „blaugemacht" haben. Vielleicht hat sich gar die Arbeitsaufgabe Ihrer Planstelle so verändert, dass Sie sich unter- oder überfordert fühlen oder einfach keine Lust darauf haben. Dann können Sie zwei Wege einschlagen.

Zum einen haben Sie die Möglichkeit, die Sache auszusitzen und zu hoffen, dass sich alles wieder einrenkt. Wenn Sie von Ihren Erlebnissen während des Sabbaticals erzählen und deutlich machen, wie Sie diese Erfahrungen beruflich nutzen können, dann fühlen Sie sich nach einer Übergangszeit vielleicht wieder so wohl wie vorher oder sogar besser.

Die andere Möglichkeit ist es, über Alternativen nachzudenken. Diese können ebenso gut im Unternehmen liegen wie außerhalb. Wenn es interne Stellenausschreibungen gibt, schauen Sie sich diese doch mal unverbindlich an. Haben Sie während der Auszeit Dinge gelernt oder erfahren, die Sie jetzt gern beruflich anwenden würden?

Dann kann Ihr künftiger Arbeitsplatz auch ganz anders aussehen als der alte. Oder Sie interessieren sich für einen längeren Auslandseinsatz für Ihr Unternehmen, wenn es Sie wieder in die Fremde zieht. Falls Sie eine berufliche Weiterbildung während des Sabbaticals absolviert haben, dann wollen und können Sie diese jetzt sicher anwenden. Damit steht auch einem Aufstieg nichts im Wege.

Falls Ihnen nicht oder nicht sofort wieder nach Vollzeitarbeit zumute ist, dann können Sie aus Ihrem starren 40-Stunden-Rhythmus ausbrechen und für eine bestimmte Frist Teilzeit arbeiten. Auch hier gibt es – abhängig vom Unternehmen – jede Menge Möglichkeiten.

Neue Felder entdecken

Schließlich besteht auch die Möglichkeit, die Fühler nach einer Arbeit in einem anderen Unternehmen auszustrecken. Ein Jobwechsel will allerdings gut geplant sein, da die Arbeit ja nicht gerade auf der Straße liegt. Es gilt also, aus der Sicherheit der alten Arbeitsstelle heraus in Ruhe nachzudenken und sich gezielt zu bewerben.

Denken Sie daran, Ihr Sabbatical als wichtige Lebenserfahrung in Ihren Lebenslauf aufzunehmen. Statt eine Lücke in Ihrer Vita zu riskieren, sollten Sie Ihre Auszeit offensiv als Gewinn für sich und das Unternehmen verkaufen. So haben Sie Risikobereitschaft, Anpassungsfähigkeit, Flexibilität und Ausdauer bewiesen. Nicht alle Personalverantwortlichen sehen das so. Legen Sie sich vor allem für Vorstellungsgespräche gute Argumente zurecht.

Gute Einstiegsmöglichkeiten bieten sich über Zeitarbeitsfirmen. Informationen gibt es beim Bundesverband Zeitarbeit Personal-Dienstleistungen e.V. Der Vorteil: Wer sich noch nicht ganz sicher ist, wohin beruflich die Reise gehen soll, lernt hier unter Umständen verschiedene Branchen kennen. Da die Zeitarbeitsbranche durch eine Vielzahl rechtlicher Regelungen und durch Tarifverträge aus der Schmuddelecke herausgekommen ist, bedeuten ein, zwei Jahre Zeitarbeit durchaus kein Manko. Mehr und mehr werden Akademiker und Führungskräfte auf Zeit gesucht. Die Chance, nach dem befristeten Einsatz ganz vom Unternehmen übernommen zu werden, liegt im Durchschnitt bei 30 Prozent.

www.bza.de

Lektüre: Brigitte Scheidt: Neue Wege im Berufsleben. W. Bertelsmann Verlag Bielefeld 2005.

Alternative: Selbstständigkeit

Natürlich können Sie während oder nach dem Sabbatical auch Ihre berufliche Selbstständigkeit vorbereiten, falls Ihre Wünsche in diese Richtung gehen. Zu den entscheidenden Vorteilen der Selbstständigkeit zählt die Unabhängigkeit und Selbstbestimmung, sowohl über Arbeitszeit und Arbeitsaufwand als auch über das Einkommen. Allerdings bedeutet Selbstständigkeit in den ersten Jahren auch, dass häufig lange Arbeitszeiten und viel Arbeitsaufwand mit wenig Einkommen belohnt werden. Darüber muss sich der junge Unternehmer vor allem kraft seiner Persönlichkeit hinweghelfen! Denn das wichtigste Kapital jedes Unternehmens ist der Unternehmer selbst, zumindest in der Gründungsphase. Fehlen Motivation und Glaube an die unternehmerische Idee, können Durststrecken und Rückschläge schnell zum Konkurs führen.

Wer sich für die Selbstständigkeit entscheidet, sollte ausreichend Eigeninitiative und Enthusiasmus mitbringen. Zwar werden Hilfe und Unterstützung angeboten, wie auf den Existenzgründerseiten des Bundesministeriums für Wirtschaft und Technologie sowie von den Industrie- und Handelskammern. Auch finanziell wird Jungunternehmern mit zinsgünstigen Krediten u. Ä. unter die Arme gegriffen. Dennoch muss viel Arbeit und Erfindungsgeist aufgewendet werden, um die richtige Idee, den richtigen Weg, die richtige Beratung, die richtige Finanzierung, das richtige Konzept zu finden. Dazu ist ein sehr umfangreiches und differenziertes Wissen nötig, das sich jeder Gründer auf seinen Einzelfall bezogen, persönlich und direkt vor Ort beschaffen muss. Persönliche Beratung tut daher in den meisten Fällen not.

www.existenzgruender.de
www.dihk.de

Veränderungen, die aus dem Rahmen fallen

Wer ein Sabbatical beginnt, muss unter Umständen auch mit gravierenden Veränderungen rechnen. Zwar ist es die Regel, dass Arbeitnehmer nach Ende der Auszeit in ihr Unternehmen zurückkehren oder anderweitig ihre Karriere weiterverfolgen. Doch es gibt Ausnahmen, wie die beiden nachfolgenden Berichte verdeutlichen sollen.

Stefanie Schwab, 44 Jahre alt, wohnhaft in Würzburg, hat sich durch ihr Sabbatjahr vollkommen neu orientiert

Ich habe 1996/1997 ein Sabbatjahr gemacht. Zu der Zeit war ich seit sieben Jahren Grundschullehrerin, mein Mann hatte gerade eine Anstellung bekommen. Ich habe mich als Lehrerin vollkommen fehl am Platz gefühlt. Ich spürte, dass ich das nicht bis zur Rente durchhalten würde. Ich litt unter dem Konflikt zwischen den Erwartungen des Lehrplans und den Anforderungen des Schulsystems auf der einen Seite und meiner eigenen Wahrnehmung, dass die Kinder etwas ganz anderes bräuchten. Ich sah die seelische Not vieler Kinder, sollte aber Wissen vermitteln und Leistung verlangen. Ich kam mir vor wie eine Ente im Wald: Ich konnte wohl weiterexistieren und mich auch ernähren, aber ich gehörte nicht dahin, wo ich mich gerade befand. Ich war im vollkommen falschen Element. Alle hielten mich für eine gute Lehrerin und verstanden anfangs überhaupt nicht, wie ich die lange Ausbildung und die Sicherheit des Beamtendaseins einfach über den Haufen werfen konnte. Aber ich konnte keine Rücksicht auf Sicherheiten nehmen, ich war so erschöpft und musste unbedingt eine Pause einlegen, um für mich nach einem neuen Weg zu suchen. Insofern war mein Sabbatjahr eine reine Orientierungszeit. Ich ließ mich also vom Schuldienst beurlauben. Meine Chefin war irritiert, auch Eltern und Schwiegereltern hatten wenig Verständnis dafür. Nur mein Mann stellte sich hinter mich und meine Entscheidung.

Anfangs hatte ich überhaupt keine Vorstellung, wohin die Reise mit mir gehen sollte. Wichtig für mich und meine weitere Entwicklung war eine Reise nach Israel. Da ich ein sehr gläubiger Mensch bin, wollte ich gern den Ort besuchen, an dem Jesus gelebt hat. Ich war 33 Jahre alt, genauso alt wie Jesus war, als er gestorben ist. Ich stand am Teich Bethesda, genau dort, wo Jesus den Gelähmten geheilt hat. Und ich wusste, auch ich war gelähmt gewesen, weil ich nicht das tun konnte, wofür ich geschaffen war. Ich stand an der Grabeskirche und wusste genau, auch mein altes Leben wird sterben. Vielleicht hört sich das jetzt etwas pathetisch an, aber ich erlebte so etwas wie eine neue Geburt. Nach meiner Reise besuchte ich einige Lebensseminare, die mir geholfen haben, über meine bisherigen 33 Jahre intensiv nachzudenken und nachzuspüren. Ich hatte eine Menge aufzuarbeiten, es gab Dinge in meinem Leben, die mir schwer zu schaffen machten. Was will ich in meinem Leben, das war die Frage, die ich mir immer wieder stellte. Und dann fand sich fast wie von allein der richtige Weg: Ich hatte schon immer gern musiziert, Instrumente gespielt und später auch Lieder geschrieben. Ende 1996 gab ich mithilfe eines befreundeten Musikers mein erstes Konzert. Inzwischen habe ich vier CDs aufgenommen und gebe 30 bis 40 Konzerte im Jahr.

Meine Lieder beschäftigen sich mit christlichen Themen, mit dem Alltag, mit den Problemen von Frauen. Ich will damit vor allem Mut machen. Meine Freunde meinen, wenn ich auf der Bühne stehe, merkt man, dass ich dort genau in meinem Element bin. Und ich empfinde das genauso. Zwar kann ich von meiner Musik nicht leben, sondern bin durch meinen Mann finanziell abgesichert. Ich weiß, dass das ein Privileg gegenüber vielen anderen Menschen ist, die sich diese Freiheit nicht leisten können. Daher mache ich auch nicht nur Musik. Ich habe noch in meinem Sabbatjahr ein Theologiestudium im Fernkurs angefangen und nach Abschluss des Studiums eine Ausbildung als Krankenhaus-Seelsorgerin absolviert. Fünf

Jahre begleitete ich ehrenamtlich krebskranke Frauen, eine Arbeit, die mich zutiefst ausfüllte. Aus den Kontakten in dieser Zeit entwickelte sich eine Teilzeitstelle als Psycho-Onkologin, die ich seit Mai dieses Jahres ausübe.

Und jetzt – auf der Bühne und im Krankenhaus – habe ich das Gefühl, dass die Ente im Teich angekommen ist.

Einen ganz eigenen und sicher sehr ungewöhnlichen Weg hat ein Ehepaar aus dem Allgäu gewählt: Beide haben ihre beruflichen Karrieren ganz an den Nagel gehängt und leben alternativ als „Aussteiger". Obwohl dies wahrscheinlich für die wenigsten eine echte Alternative darstellt, da die Arbeit ein notwendiger und sinnbringender Bestandteil ihres Lebens ist, wollen wir Ihnen auch diese Möglichkeit nicht vorenthalten.

Gabriele Hajek, 46 Jahre alt, wohnhaft bei Immenstadt im Allgäu, seit vier Jahren auf Reisen

Gemeinsam mit meinem Mann Christian habe ich vor nunmehr fast vier Jahren beschlossen ganz anders als bisher zu leben. Wir haben den Gedanken an Ausstieg schon lange mit uns herumgetragen und uns auch vorbereitet. Da uns nie besonders viel an Konsum gelegen hat, waren wir in der Lage, eine größere Summe Geld anzusparen. Das war die finanzielle Voraussetzung, um unseren Traum zu verwirklichen. Denn wir hatten von Anfang an vor, nicht nur ein halbes oder ein ganzes Jahr auszusteigen und irgendeine betriebliche Lösung in Anspruch zu nehmen, sondern unserem bisherigen Leben – zumindest in beruflicher Hinsicht – wirklich komplett den Rücken zu kehren. Da braucht man schon ein finanzielles Polster.

Doch das eigentliche Geheimnis besteht darin, wenig auszugeben – sich den Konsumverführungen zu entziehen – und mit wenig zufrieden zu sein. So lernt man auch, viele Dinge mehr zu schätzen.

Ich war zu dem Zeitpunkt, als wir unseren Plan in die Tat umgesetzt haben, Teamleiterin in einer Bank, also in führender Position tätig. Zuvor habe ich die Außenstelle eines gemeinnützigen Bildungsträgers geleitet. Mein Mann, der studierter Maschinenbauingenieur ist, hat die Abteilung Aus- und Weiterbildung eines Unternehmens geleitet. Wir waren also beide beruflich fest im Sattel und hatten interessante, anspruchsvolle Aufgaben. Und trotzdem wollten wir unser Leben verändern. Als wir es dann schließlich getan haben, waren wir beide beruflich an einem Punkt angelangt, der eine Entscheidung verlangte. Wir haben uns dann ganz bewusst dafür entschieden, nicht mehr mit der Masse mitzuschwimmen, sondern unseren eigenen Weg zu finden. Wir haben unsere Eigentumswohnung verkauft, um das nötige Kapitel zu haben, und dann gekündigt.

Das hört sich jetzt so einfach an, aber das war es natürlich nicht. Uns war klar, dass wir auf bestimmte Sachen verzichten müssen. Und damit meine ich nicht unbedingt materielle Dinge, da die uns noch nie sonderlich wichtig waren. Aber als Aussteiger gehört man natürlich nicht mehr dazu, verliert einen bestimmten Status. Und die Arbeit fehlt schon, vor allem die Möglichkeit, etwas zu bewegen. Auch die selbstverständlichen sozialen Kontakte unter Kollegen – man verbringt den Tag zusammen, lacht zusammen – fallen weg. Aber so ist es eben: Alles kann man nicht haben. Natürlich wurde anfangs über uns geredet. An Kommentare wie „Ihr habt wohl im Lotto gewonnen“ kann man sich aber gewöhnen, und irgendwann hören sie auf. Manche Freunde und Bekannte haben uns direkt gefragt, warum und wie wir das machen, und denen haben wir auch offen und ehrlich geantwortet. Andere haben getuschelt, so was muss man ignorieren können. Schließlich ist es unsere eigene Entscheidung, so zu leben, wie wir es wollen. Und da wir niemandem auf der Tasche liegen, sondern bei Bedarf durch Jobs etwas dazuverdienen, ist sie auch legitim. Zudem führen wir akribisch Buch über Einnahmen und Ausgaben und haben für die langfristige Finanzierung ein Muster entwickelt, das man auch auf unserer Homepage *www.ratgeber-aussteigen.de* nachlesen und für sich nutzen kann. Wir sind also keine lebensfremden Spinner, sondern wollen nur anders leben.

Das Schönste neben den vielen Eindrücken, die ich auf unseren Reisen gewinne, ist, dass ich viel gelassener geworden bin. Ich kann heute einen Regentag wunderbar mit einem Buch verbringen. Früher bin ich dabei total kribbelig geworden. Ich bin auch viel offener geworden und habe ein Gespür für andere Menschen bekommen. Ich denke, jeder Mensch kann und muss sich für seinen eigenen Weg entscheiden, und dabei gibt es kein „falsch“ oder „richtig“. Wir Menschen bekommen nie alles, und gut dran sind diejenigen, die wissen, was ihnen wirklich wichtig ist.

12 | Wie Sie sich die Rückkehr erleichtern können

Für eine erfolgreiche Rückkehr ins Alltagsleben ist neben dem beruflichen Aspekt ein zweiter Gesichtspunkt entscheidend: dass Sie sich mental vorbereiten. Ebenso wie den Ausstieg sollten Sie daher auch den Einstieg sanft gestalten. Wer bis zum Schluss des Sabbaticals alle Gedanken an zu Hause oder das Unternehmen verdrängt, erlebt garantiert einen Schock, wenn es dann so weit ist. Daher sollten Sie einige Wochen vorher den Kontakt zu Kollegen, Familie und Freunden wieder intensivieren.

Tuchfühlung mit dem alten Leben aufnehmen

Schreiben Sie zum Beispiel Briefe an alle Ihre Lieben und legen Sie die ersten Fotos bei. Oder suchen Sie für jeden ein passendes Souvenir, mit dem Sie bei der Rückkehr symbolisieren: Ich habe an euch gedacht. Auch Zeitungen aus Deutschland sind fast überall zu haben, mit denen Sie sich allmählich wieder mit den Problemen der Heimat vertraut machen können. Dadurch befassen Sie sich automatisch wieder mit Ihrem „alten Leben", und es kommt Ihnen bei der Rückkehr weniger fremd oder befremdlich vor.

Sanfte Rückkehr bedeutet auch: Nicht bis zum letzten Atemzug im Ausland bleiben oder sich ausschließlich mit der Sache beschäftigen, die während der letzten Monate die wichtigste war. Denn wer sich lange nicht oder weniger intensiv als sonst um die praktischen Dinge des Alltags gekümmert hat, steht vor einem Berg von Erledigungen. Für die sollten Sie mindestens ein, zwei Wochen Zeit einplanen, und zwar vor Ende der Freizeit. Dann können Sie in Ruhe Post und E-Mails anschauen, Anrufe erledigen, das Auto wieder anmelden usw.

Veränderungen bewahren

Mit einem anderen Trick können Sie dafür sorgen, dass Ihre Landung im Alltag gelingt: Verlängern Sie mit einer Party oder einem Picknick Ihre Urlaubsstimmung. Laden Sie Ihre Freunde ein, kochen Sie exotisch, führen Sie Kleidung vor, die Sie sich im Ausland gekauft haben, zeigen Sie Ihre Fotos und erzählen Sie die vielen merkwürdigen Dinge, die Sie erlebt haben.

Bewahren Sie die Veränderungen, die das Sabbatical bei Ihnen bewirkt hat, möglichst lange. Sie haben vollkommen neue tänzerische Fähigkeiten und Leidenschaften an sich entdeckt? Dann suchen Sie sich eine Tanzschule und knüpfen da an, wo Sie aufgehört haben. Sie haben interessante Sammlerstücke mitgebracht? Dann suchen Sie eine Möglichkeit, sich mit anderen Leuten darüber auszutauschen. Sie haben während der letzten Monate kaum ferngesehen? Dann bleiben Sie dabei. Es gibt genug interessante Dinge, die man stattdessen machen kann, auch zu Hause. Die Sprache Ihres Gastlandes fasziniert Sie? Dann gehen Sie zur Volkshochschule oder zu einer privaten Sprachenschule und belegen Sie einen Kurs. Sie haben Ihre Ernährungs- und Bewegungsgewohnheiten umgestellt? Das zu Hause fortzuführen sollte kein Problem sein. Es kann helfen, sich die Vorhaben einmal aufzuschreiben, man verliert sie dann nicht so schnell aus den Augen.

Der Versuch, das Leben radikal umzustellen, wird allerdings wahrscheinlich scheitern. Je mehr Sie sich vornehmen, desto größer ist dann der Frust, wenn Sie keinen der guten Vorsätze durchhalten. Probieren Sie, sich auf ein, zwei Dinge zu konzentrieren, die Sie dann aber intensiv betreiben.

Strategien gegen den Blues

Wenn Sie sich nach Ihrer Rückkehr erst einmal benommen und traurig fühlen, sollte Sie das nicht beunruhigen: Es ist normal. Ebenso wie beim Ausstieg stehen Sie vor einem Neubeginn, mit allen dazugehörigen Ängsten. Zudem müssen Sie sich von der vielleicht schönsten Zeit Ihres Lebens lösen. Wer dabei nicht wehmütig wird, hat die freie Zeit wahrscheinlich nicht mit allen Sinnen genossen. Dazu kann kommen, dass Ihnen Ihr Weggefährte oder Partner plötzlich oberflächlich vorkommt und Sie sich nichts mehr zu sagen haben. Auch Partnerschaften können nach Sabbaticals auseinandergehen – aber das tun sie ja auch im „normalen" Leben hin und wieder. So schmerzlich solche Erfahrungen sind, sie zeigen nur, dass Sie sich verändert haben, neue Ansprüche ans Leben stellen und nicht bereit sind, wieder genau dort weiterzumachen, wo Sie vor einem halben oder einem ganzen Jahr aufgehört haben. Freunde und Partner können damit überfordert sein, weil ihnen ein großes Stück Ihrer Erfahrung fehlt. Überwinden Sie die möglicherweise eingetretene Entfremdung vom Partner, indem Sie mit ihm oder ihr noch vor Ende des Sabbaticals ein paar Tage verreisen. Dort können Sie alle Ihre Erlebnisse, die jetzt noch ganz frisch sind, erzählen. Partner oder Partnerin fühlen sich dann nicht mehr ganz so ausgegrenzt.

Gegen den Blues hilft natürlich auch, ein wenig in Erinnerungen zu schwelgen. Lesen Sie Ihr Reisetagebuch, rufen Sie Leute an, die Sie unterwegs kennengelernt haben, und lachen Sie noch mal gemeinsam über Ihre Erlebnisse. Oder jammern Sie sich gegenseitig etwas vor. Geteiltes Leid ist tatsächlich halb so schlimm. Gestalten Sie eine eigene Homepage mit Ihrem schönsten Foto oder gehen Sie im Internet auf Suche nach anderen ehemaligen Aussteigern. Sie werden merken, dass es fast allen anfänglich genauso schlecht ging wie Ihnen – und dass die Trauer auch wieder nachlässt.

HECKLISTE + CHECKLISTE + CHECKLISTE + CHECKLISTE+ CH

Checkliste Rückkehr

- Gestalten Sie die Rückkehr ins Alltagsleben sanft. Nicht bis zum letzten Tag als „Aussteiger" leben.
- Einige Wochen vor Ende des Sabbaticals sollten Sie den Kontakt zum Unternehmen und ggf. zur Familie intensivieren.
- Informieren Sie sich bei Kollegen Ihres Vertrauens über die Situation im Unternehmen. Was hat sich personell verändert? Welche Projekte sind gerade in Arbeit? Wie hat sich Ihre eigene Stelle verändert?
- Stellen Sie sich mental darauf ein, dass Ihnen bei der Rückkehr in den Betrieb nicht nur Freude, sondern auch Neid entgegenschlägt.
- Bereiten Sie für das Unternehmen gedanklich ein Statement vor, in dem Sie die Ergebnisse Ihres Sabbaticals kurz zusammenfassen.

- Wenn Fragen nach dem Wie kommen, sind Sie vorbereitet.

- Wenn Sie auf Reisen sind, lesen Sie in den letzten Wochen wieder regelmäßig (anspruchsvolle) deutsche Tageszeitungen, um sich über die Entwicklung in Deutschland zu informieren.

- Spätestens zwei Wochen vor Ende der Auszeit sollten Sie endgültig wieder zu Hause sein und sich um Alltagsprobleme kümmern: Wohnung in Besitz nehmen, E-Mails und andere Post lesen und beantworten, Auto anmelden, Zeitungsabos aktivieren usw.

- Eine Willkommensparty hilft, die Urlaubsstimmung zu verlängern und den Übergang in den Alltag zu erleichtern.

- Lassen Sie alle diejenigen, die es möchten, Anteil an Ihren Erlebnissen und Erinnerungen nehmen. Aber überfordern Sie niemanden damit. Das führt leicht zu Frust.

- Basteln Sie aus Ihren Fotos eine Power-Point-Präsentation, die Sie Verwandten, Freunden und auch Kollegen vorführen. Das hilft den zuhausegebliebenen, Sie besser zu verstehen.

- Pflegen Sie ein, zwei neue Hobbys, mit denen Sie sich in der Auszeit intensiv beschäftigt haben, weiter.

- Verändern Sie nicht Ihr ganzes Leben auf einmal! Nehmen Sie bewusst wieder Gewohnheiten auf, die Ihnen vor der Auszeit wichtig waren.

Damit sind wir am Ende unserer – gedanklichen – Auszeit angekommen. Wenn Sie Freude daran hatten und Ihnen einige Dinge klarer geworden sind – wunderbar! Sowohl für die Autorin dieses Buches als auch für Sie wäre das ein schöner Erfolg. Legen Sie das Buch am besten nicht allzu weit weg, sondern nehmen Sie es immer einmal wieder zur Hand und geben Sie Ihrem Wunsch nach einer Auszeit ruhig Nahrung. Wenn er groß und stark genug geworden ist und Sie sich ganz sicher sind, dass Sie das Abenteuer wagen wollen, werden Sie auch Ihrem Arbeitgeber gegenüber überzeugend auftreten können. Er wird sich Ihren wohldurchdachten Argumenten und Ihrer Überzeugung, dass eine Auszeit ein für alle Seiten profitables und sinnstiftendes „Geschäft" ist, ganz sicher nicht entziehen können. Und wer weiß: Vielleicht begründen Sie mit Ihrem erfolgreichen Sabbatical eine ganz neue Unternehmenskultur, weil Ihr Beispiel Vorbehalte und Vorurteile ganz einfach entkräftet hat.

Viel Glück dabei!

Lektüreempfehlungen

Daniela Abele: Langzeitkonten, Sabbaticals und Zeitwertpapiere. Verführung zum Stundensammeln oder Bindung von Fachkräften? Grin Verlag 2007

Anne Bohnenkamp/Frank Möbus: Mit Gunst und Verlaub! Wallstein-Verlag 1997

Barbara Hess: Sabbaticals. Auszeit vom Job – Wie Sie erfolgreich gehen und motiviert zurückkommen. Frankfurter Allgemeine Buch 2002

Rainer Höh: Wildnisausrüstung. Reise Know-How Verlag, 2001

Thomas Hübner: Die Kunst der Auszeit. Vom Powernapping bis zum Sabbatical. Orell Fuessli Verlag 2006

Manfred Köhler: Sich einfach auf den Weg machen. Lebenserfahrungen von Globetrottern und Abenteurern. Schwarzkopf & Schwarzkopf, 2000

Christa Langheiter: Mut zur Auszeit. Mit Sabbatical, Langzeiturlaub und Ausstieg auf Zeit zu mehr Lebensqualität. Redline Verlag 2006

Doug Lansky: The Rough Guide First-Time Around the World. Rough Guides, 2006

Norbert Lüdtke: Das Selbstreisehandbuch, Bände 1 und 2. Pmv Peter Meyer Verlag, 2005

Dietmar Marburger: Raus aus der Jobmühle! Beruflich aussteigen – alles richtig machen. Walhalla und Praetoria 2003

Rüdiger Nehberg: Überleben ums Verrecken – Das Survival Handbuch. Piper-Verlag, 2005

Anke Richter: Aussteigen auf Zeit. Das Sabbatical-Handbuch. So klappt's wirklich. Egmont vgs Verlagsgesellschaft 2002

Kai Ferreira Schmidt: Fernreisen auf eigene Faust. Planung – Ausrüstung – Reisepraxis. 1993

Diana Voigt: Sabbatical – Ausstieg auf Zeit. Eine Abenteuerreise zu sich selbst. Kösel-Verlag 2005

Kontaktadressen

Arbeitskreis „Lernen und Helfen in Übersee" e. V.
Thomas-Mann-Straße 52
53111 Bonn
Tel.: 0228 / 90899-10
Fax: 0228 / 90899-11
aklhue@entwicklungsdienst.de
www.entwicklungsdienst.de

Auswärtiges Amt
Werderscher Markt 1
10117 Berlin
Tel.: 030 / 5000-2000
Fax: 030 / 5000-3402
www.auswaertiges-amt.de

Bundesarbeitsgemeinschaft Hospiz e. V.
Aachener Straße 5
10713 Berlin
Tel.: 030 / 83223893
Fax: 030 / 83223950
bag.hospiz@hospiz.net
www.hospiz.net/bag/index.html

Bundesministerium für Wirtschaft und Technologie
Scharnhorststraße 34–37
10115 Berlin
Tel.: 030 18 / 615-0
Fax: 030 18 / 615-7010
buero-L2@bmwi.bund.de
www.bmwi.de

Bundesverband Zeitarbeit Personal-Dienstleistungen e. V.
Prinz-Albert-Straße 73
53113 Bonn
Tel.: 0228 / 76612-0
info@bza.de
www.bza.de

Bundesverwaltungsamt
Barbarastraße 1
50735 Köln
Tel.: 022899 / 358-0
Fax: 022899 / 358-2328
poststelle@bva.bund.de
www.bva.bund.de

Deutsche Fernschule
Frankfurter Straße 69
35578 Wetzlar
Tel.: 06441 / 921892
Fax: 06441 / 921893
df@deutsche-fernschule.de
www.deutsche-fernschule.de

Deutscher Industrie- und Handelskammertag e. V.
Breite Straße 29
10178 Berlin
Tel.: 030 / 20308-0
Fax: 030 / 20308-1000
infocenter@berlin.dihk.de
www.dihk.de

Evangelische Kirche in Deutschland (EKD)
Herrenhäuser Straße 12
30419 Hannover
Tel.: 0511 / 2796-0
Fax: 0511 / 2796-707
info@ekd.de
www.ekd.de

Hospiz-Akademie Bamberg
(Akademie für Aus-, Fort- und Weiterbildung in allen Bereichen der Hospizarbeit, Palliativpflege und Palliativmedizin)
Lobenhoffer Straße 10
96049 Bamberg
Tel.: 0951 / 95507-22
Fax: 0951 / 95507-25
kontakt@hospiz-akademie.de
www.hospiz-akademie.de

ILS – Institut für Lernsysteme GmbH
Doberaner Weg 20
22143 Hamburg
Tel.: 040 / 67570-0
Kursinfo@ils.de
www.ils.de

Ring Europäischer Mitwohnzentralen REM e. V.
Lobuschstraße 22
22765 Hamburg
Tel.: 040 / 19430
Fax: 040 / 28418545
vorstand@mitwohnzentrale.de
www.mitwohnzentrale.de

Unionhilfswerk Sozialeinrichtungen gGmbH
Zentrale Anlaufstelle Hospiz
Kopenhagener Straße 29
13407 Berlin
Beratungstelefon: 030 / 40711113
post@hospiz-aktuell.de
www.hospiz-aktuell.de

Zentrale Auslands- und Fachvermittlung der Bundesagentur für Arbeit
Villemombler Straße 76
53123 Bonn
Tel.: 0228 / 7131313
Fax: 0228 / 7132701400
ZAV-Bonn@arbeitsagentur.de
www.ba-auslandsvermittlung.de

Zentralstelle für das Auslandsschulwesen beim Bundesverwaltungsamt
Barbarastraße 1
50735 Köln
Tel.: 0228 / 99358-0
zfa@bva.bund.de
www.auslandschulwesen.de

Stichwortregister